세종대왕이 만난 우리 별자리

내 별을 찾아가

대유천문시리즈 【5】
세종대왕이 만난 우리별자리
❸권 남방주작칠수와 남은 이야기

초판인쇄 2011년 9월 18일
초판2쇄발행 2013년 6월 3일

글쓴이 윤상철
그린이 박순철
기획·편집 이연실 송은정
교정 임선미
기획 손형우
출판자문위원장 신명균
출판자문위원 김경수 이경우 손만진 장선아 김주완

발행처 대유학당
출판등록 2002년 4월 17일 제305-2002-28호
주소 서울 동대문구 휘경동 258 서신빌딩 402호
전화 (02)2249-5630~1
홈페이지 http//www.daeyou.net 대유학당

❸권 ISBN 978-89-6369-032-2
셋트 ISBN 978-89-6369-029-2
(전 3권) 각권 정가 12,000원

여러분이 지불하신 책값은 좋은 책을 만드는 데 쓰입니다.
무단전제와 복사를 금합니다.
문의사항(오탈자 포함)은 대유학당의 홈페이지에 남겨 주세요.

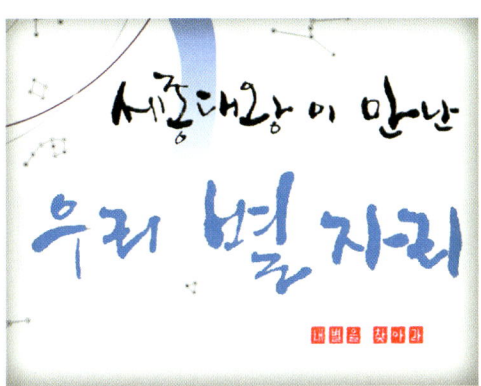

3권에 들어가며

3권에는 남방주작칠수와 남은 이야기, 28수 카드가 들어 있어.

주작이 주관하는 남방칠수는 '정, 귀, 류, 성, 장, 익, 진'의 일곱 별이야. 남은 이야기에서 궁금증을 풀어줄 것이고, 28수 카드는 벽에 붙여놓거나, 낱장 카드로 써도 좋아.

3권의 목차

3권에 들어가며 ▪ 5

다섯째 마당 ┃ 남방주작칠수

미방의 두 동물 ▪ 10
　❶ 정목안井木犴 ▪ 12
　❷ 귀금양鬼金羊 ▪ 32

오방의 세 동물 ▪ 44
　❸ 류토장柳土獐 ▪ 46
　❹ 성일마星日馬 ▪ 56
　❺ 장월록張月鹿 ▪ 72

사방의 두 동물 ▪ 88
　❻ 익화사翼火蛇 ▪ 90
　❼ 진수인軫水蚓 ▪ 102

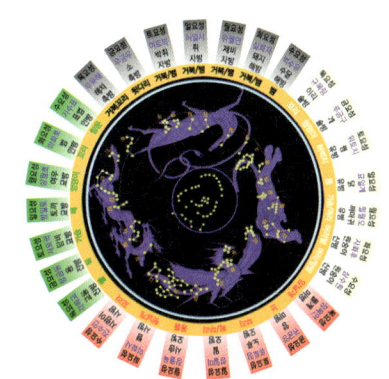

여섯째 마당 ▮ 남은 이야기

① 12동물의 발가락수 • 123
② 12동물의 흔적 • 125
③ 28수의 관측날짜 • 128
④ 전국 방방곳곳 별 헤는 밤 • 130
⑤ 어느 별과 친할까? • 135
⑥ 나의 별자리 찾기 응용 • 136
⑦ 28수의 후보동물 • 139
⑧ 하늘의 삼원 • 140
⑨ 28수와 부하별자리 • 146
⑩ 글을 마치며 • 150

부록 ▮ 그림모음

28수와 삼원 • 156
28수와 사영신 • 158
28수 신장과 수호부 • 159
28수 카드 • 225

다섯째 마당

남방주작칠수

미방의 두 동물
정목안 귀금양

동방	진	각 항
	묘	저 방 심
	인	미 기
북방	축	두 우
	자	여 허 위
	해	실 벽
서방	술	규 루
	유	위 묘 필
	신	자 삼
남방	미	정 귀
	오	류 성 장
	사	익 진

이제부터는 남방의 일곱 동물에 대해 이야기를 할 차례야. 남방을 다시 미방, 오방, 사방의 세 방위로 세분할 수 있는데, 미방에 두 동물, 오방에 세 동물, 그리고 사방에 두 동물을 배당해서 모두 일곱 동물이 되지. 지금부터 그 일곱 동물과 이름에 대해서 알아보려고 해.

미방에는 정수와 귀수의 두 별자리가 있는데, 정수에는 들개를 배당하고 귀수에는 양을 배당했지. 미시(오후 1시~3시)는 해가 중천보다는 조금 기울어진 상태이지만, 실질적으로는 하루 중 가장 더울 때이고, 미월(양력 7월)도 해가 가장 높이 뜨는 때(하지)는 아니지만, 역시 1년 중 가장 더울 때지. 그래서 더위를 겁내지 않는 들개와 양에게 배당한 거야.

들개는 삽살개하고 비슷하게 생겼는데 야생으로 살기 때문에 무척 사납지. 반면에 양은 특별히 고집 피우고 화낼 때를 빼면 평상시에는 아주 순해.

　미월은 해가 이미 최고로 높이 떴을 때를 지났기 때문에, 가장 더위를 느끼기는 하지만 허열虛熱에 가깝지. 왜 아궁이에 불을 한창 땔 때에는 덥지 않다가, 두어 시간 뒤에 아궁이에서 장작을 빼고 난 다음부터 방이 뜨거워지잖아. 그렇지만 아궁이에는 더 이상 장작이 없기 때문에 그 뜨거움은 결국 식기 마련이야. 들개가 아주 사나워도 실은 양같이 온순해진다는 양면성이 있는 거야.

　또 두 동물은 털이 길고 많다는 공통점이 있어. 해가 가장 더울 때는 오히려 털이 길고 많아야 뜨거움으로부터 보호된다는 뜻과, 가장 더울 때에 가장 추울 때를 대비하라는 뜻이 같이 담겨 있지. 특히 음력 1~6월 사이에 난 사람은 들개의 성격이, 7~12월에 난 사람은 양의 성격이 많아.

난 귀금양. 순해도 고집이 무우~척 세단다.

난 정목안. 어둠의 나라를 밝히기 위해 불을 삼킨 불개의 이야기를 아니?

❶ 井木犴
우물 정
나무 목
들개 안

상징	주작의 앞날개
크기	2m 30cm
운행 방위	未(남남서)

영토	33°
보이는 때	12/23~1/23
해당지역	평안도 서남부, 황해도 중부 북부
부하별수	19(62)
힘의세기	★★★★

의미 ▌ 샘물, 임금의 최측근, 법의 공평함, 임금의 곳간, 도지사, 임금의 친척과 총리급 이상의 부정부패를 감시. 밝으면 사람들이 화합하고 법률이 공평하나, 가운데 네 별만 밝으면 홍수가 난다.

정목안

정목안은 28수 중에 정수를 수호하는 신장이야. '정'은 남방주작칠수 중에 첫째 별자리인 정수를 뜻해. 또 주작의 머리에 해당하는 별자리야.

'목'은 칠정 중에 목성의 정기를 받았다는 것이고, '안'은 들개로 대표된다는 뜻이지.

정목안은 들개(삽살개)의 머리에 사람의 몸을 했는데, 키가 2m 30cm이고, 얼굴은 검은색으로, 두 눈이 황금빛으로 밝게 빛나는 것이 마치 사자 같기도 하고 귀신 같기도 한 형상이야.

붉디붉은 전투복을 입고, 자주색 가죽으로 된 띠를 두텁게 둘렀으며, 검은색으로 윤이 나는 신을 신고, 손에는 푸른색의 칼끝이 뾰족한 창을 잡은 무서운 모습이야. 28수 수호신장 중에 가장 힘이 세다고 해.

정수

정수는 하늘의 여섯 존귀한 별 중의 하나야. 위엄 있는 별이라고 해서 천위성天威星이라고도 부르지. 여덟 개의

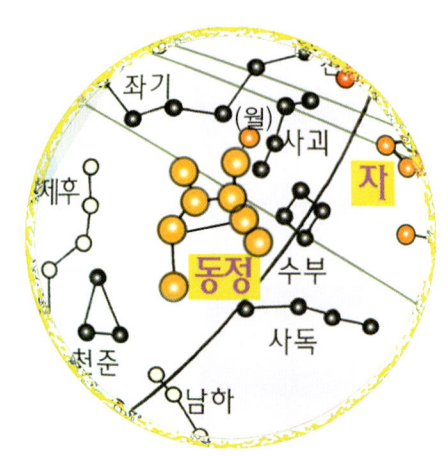

■ 정수와 주변별들

별이 '井(우물 정)' 자 형태로 있는데, 중앙정부의 고관이나 지방의 장을 의미하는 별이야. 별이 밝으면 나라에 별일이 없지만, 흐리거나 흔들리면 변방에서 난리가 나서 병사들이 많이 죽게 된다고 해.

그림을 보면 정수를 '동정'이라고 해 놓았어. 이상하지? 서쪽에 있는 별에 '동녘 동' 자를 넣고…. 우수에서 태양이 점점 높아져서 정수에 오면 가장 높이 뜨게 돼. 그래서 우수에 뜰 때를 동지라 하고 정수에 뜰 때를 하지라고 하지. 그러니까 정수의 동쪽(왼쪽)은 태양이 점점 높이 떠간다는 뜻을 표현하려고 '동'을 넣어서 동정수라고 한 거야.

정수의 부하별자리와 다스리는 영토

정수는 부하별자리가 열아홉 개나 되고 28수 중에서 맡고 있는 영역도 33°로 평균(약 13°)보다 세 배 가까이 넓은 편이지. 또 열아홉 개 별자리의 별수는 예순두 개나 돼. 28수 중에서는 상당히 영향력이 큰 별자리인 거지. 그래! 어떤 별자리는 한 개의 별로 이루어진 것도 있지만, 익수처럼 스물두 개로 이루어진 별자리도 있어. 그러니까 별자리마다 구성원인 별의 개수가 모두 다른 거야. 또 정수는 남방주작칠수의 첫 번째 별이야. 주작이 화려하게 비상하려면 수많은 별이 반짝거려야 되지 않겠어?

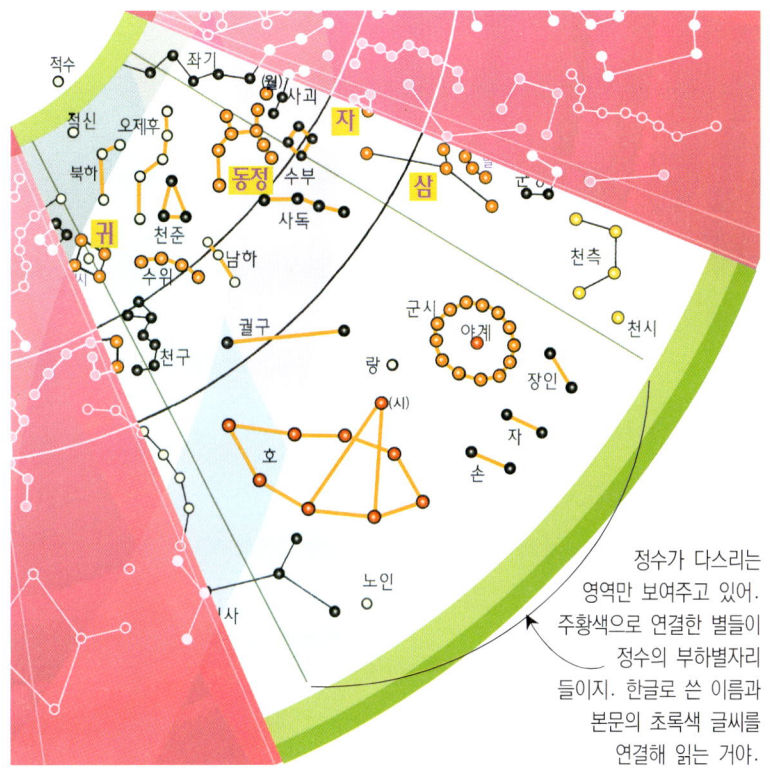

정수가 다스리는 영역만 보여주고 있어. 주황색으로 연결한 별들이 정수의 부하별자리들이지. 한글로 쓴 이름과 본문의 초록색 글씨를 연결해 읽는 거야.

위의 천문도 그림을 짚어가면서 부하별자리의 이름을 살펴볼까? 술과 음식을 공평하게 공급하는 역할의 **저수지**(**적수**積水), 부엌의 연료를 공급하는 **땔감**(**적신**積薪)이 자미원을 사이에 두고 있고, 관문과 교량을 관리하는 **남쪽 강**(**남하**南河)과 **북쪽 강**(**북하**北河)이 임금의 주변에서 세상의 물정을 관찰한 것을 알려주는 **다섯 측근**(**오제후**五諸侯)과 가난한 사람에게 동이로 음식을 담아 구휼하는 역할을 하는 **음식물 동이**(**천준**天樽)를 감싸안고 있지. 임금의 **다섯 측근**이 남쪽 강과 북쪽 강 사이에 있으면서 정치를 잘하면 정식으로 제후를 삼고 그렇지 않으면 벌을 주는 거야. 그래서 정수 옆에 사치하고 음탕한 관리를 벌 주는 **도끼**(**월钺**)가 있는 거지.

또 제방과 저수지 등을 관리하는 **수자원공사**(**수부**水府), 물의 높낮이를 관리하는 **댐**(**수위**水位), 강과 하천을 관리하는 **큰 하천**(**사독**四瀆) 등은 관개수로는 물론이고 홍수를 예방하는 역할을 하는 별들이야. 정수가 '우물 정' 자를 쓰니까, 부하별도 물에 관련된 이름이 많은 거지. 다 자기 윗사람을 존경하고 닮기 마련이거든. 더구나 정수가 계절로 치면 7월의 한창 더울 때에 해당하니까 자연히 물에 관한 일이 많은 거지.

궁궐의 정문 양쪽으로 높은 기둥다락을 세워 임금의 위엄을 보이게 한 **솟을 누각**(**궐구**闕丘)으로 변방국가에 대해서 위엄을 보이고, 군인들과 외국인들이 물건을 사고파는 **시장**(**군시**軍市)을 열어서 적대감을 없애는 거야. 물론 **시장** 안에는 군대의 보초나 척후를 맡은 **꿩**(**야계**野鷄)을 두어서 경계를 하는 거지. 이 **꿩**을 변방민족의 장군 역할을 하는 **이리**(**랑**狼)가 노리고 있지만, 멀리 있는 적을 제어할 때 쓰는 활을 관리하는 **활**(**호**弧)로 **이리**를 쏠 수 있도록 옆에 두어서 방비를 하는 거야. 적군의 도발로부터 백성을 지키는 역할을 하는 것이지.

또 오랫동안 세상을 살아서 원로가 된 사람을 관리하는 **원로**(**장**

인(丈人), 원로의 좌우에서 효도하며 그 도리를 다하는 자식(자子)과 손자(손孫)를 두어서 다른 나라도 서로 예의를 지키며 풍속을 아름답게 하면 얼마든지 잘살 수 있다는 것을 보여주었어.

임금이나 귀인의 생명을 연장시키는 남극노인(노인老人)이 멀리 떨어져 있는 것은, 누구나 욕심을 내지 않으면 오래 살 수 있다는 것과 또 임금이 정치를 잘하면 백성이 평안

■ 민화 속의 남극노인

하게 되고 임금의 수명도 연장된다는 것을 보여주는 거야. 우물의 성격이 그래. 깨끗하게 떠먹으면 누구나 와도 상관하지 않지만, 더럽게 하거나 혼자만 먹으려고 하면 싸움이 나잖아? 그래서 정수는 충분한 물을 저장해 두고, 평화스럽게 떠먹을 수 있도록 활로 지키기도 하고, 또 우물 옆에 모여드는 사람을 위해서 시장도 열어주는 거지. 그렇지만 혼자만 먹으려 하고 더럽게 오염시키는 사람은 도끼나 활로 가차없이 응징하는 거야.

●●●●● 화장실은 어디에?

『천상열차분야지도』에는 손자 옆에 있는 별 하나를 화살(천시天矢)이라고 하였는데, 다른 천문도에는 모두 서방백호칠수의 끝 별자리인 삼수에 배당시키고 별 이름도 똥(시屎)이라고 했어. 아버지도 똥 옆에 화장실(천측天厠)이 있어야 하기 때문에 삼수에 속하는 게 맞다고 생각해. 화살은 활에 붙어있어야지. 삼수를 참조해서 비교해 보렴.

황도궁으로는 거해궁에 속하고, 평안도 서남부와 황해도 중부와 북부지역에 해당하지. 그러니까 정수가 또렷하거나 빛이 잘 나면 이 지방이 잘살게 되는 것이고, 빛이 흐려지거나 제대로 모습을 안 갖추고 있으면 해당 지역이 좋지 않게 되겠지.

■ 정수에 해당하는 지역 : 은율, 안악, 송화, 사리원, 신계, 곡산, 웅진, 해주, 평양, 용강, 강서, 철원.

들개

보통 들개라고 하면 북부 산간벽지에 사는 들개를 말해. 여우와 비슷한데 주둥이가 조금 더 검지. 자기 영역을 잘 지키므로 '개 견(犭=犬)'에 '방패 간(干)'을 써서 '들개 안(犴)'을 만들었어.

그래서 『예기』라는 책에 군자가 여우 가죽옷을 입을 때는 소매를 표범가죽으로 하고, 사슴 가죽옷을 입을 때는 들개가죽으로 소매를 한다고 했지. 표범이나 들개가죽을 소매 끝에 씀으로써 막고 방어한다는 뜻을 넣은 거야. 좋지 않은 말, 간사한 말 등등 세상에는 막을 것이 많잖아. 또 활을 쏠 때 들개가죽으로 과녁을 만든 것도, 들개는 주로 오랑캐가 사는 북쪽 벽지에 살므로, 평상시부터 그 가죽에 활을 쏨으로써 오랑캐를 막는 연습을 한 것이지.

그런데 '안犴'이라고 하는 들개는 일반적인 들개하고는 조금 달라. 우선 머리가 네모나고 커. 그리고 털의 색깔은 개털과 비슷하지만, 굵기는 사람의 머리털 같고 또 길이가 20cm를 조금 넘어서 얼굴 전체를 가리지. 그래서 뭘 볼 때는 머리를 좌우로 흔들면서 두 앞다리로 털을 좌우로 열어야 될 정도야. 맞아, 우리나라의 삽살개와 비슷한 종류라고 생각하면 돼.

말만 개라고 하는 거지, 산에서는 호랑이나 표범과 싸워 이기고, 물에서는 가장 힘세다는 교룡을 잡아먹을 정도로 사납고 힘센 맹수야. 굶주리면 구리나 쇠도 먹어 소화시킬 정도로 소화력이 왕성하고 성질도 맹렬하고, 한 번 화가 나서 움직였다 하면 광풍이 일어 나무나 돌이 넘어지고, 달렸다 하면 흙먼지가 날리고 모래바람이 일어나지. 또 바다로 들어가면 파도가 높이 일어 무슨 일이 났나 하고 용이 튀쳐나올 정도야.

한편으론 간교한 면도 있어. 호랑이나 표범과 같이 다니다가 화가 나면 갑자기 달려들어 잡아먹는 특성이 있거든.

■ 삽사리.
사자가 부처님에 심취하여 사냥을 하지 않고 수련을 하다가 불성을 갖게 되었다고도 해. 아마 삽살개가 용감하고, 생긴 것도 사자 같으니까, 일반 개가 아니라 사자였었다고 생각했나봐.

삽사리

삽사리(삽살개)는 귀신(살)을 쫓는다(삽)는 뜻을 가진 털북숭이 개야. 다 큰 개는 어깨높이가 수컷은 약 52cm, 암컷은 49cm 정도 되고 몸무게는 수컷이 21kg, 암컷이 18kg 정도 되는 개치고는 좀 큰 셈이지. 다른 곳도 털이 길지만 특히 머리 부분의 털이 길어서 눈을 덮고 있는 것이 특징이야. 한국의 대표적인 토종견으로 보기보다 몸놀림이 기민하지. 큰 머리가 사자를 연상시켜서 '사자개'라 불러.

　신라 때부터 왕실과 귀족사회에서 길러 오다가 신라가 망하면서 민가에서도 기르게 되었고, 그래서 흔히 볼 수 있는 개가 되었는데, 일제시대 군용모피로 잡아가고 또 6·25전쟁을 거치면서 그 수가 급격히 줄어서 현재는 천연기념물 제368호로 지정될 정도로 보기 드문 개가 되었어.

불개와 일식 월식

너희들 불개 이야기 알지. 맞아! 어둠의 나라 임금님이 나라가 너무 어두워서 고민한 끝에, 충성심이 높고 용맹무쌍한 불개를 시켜 해를 물어 오라고 하잖아. 불개가 해를 덥석 물고 오려다가, 너무 뜨거워 뱉고 또 물었다 뱉기를 수십 번 하였지. 어쩔 수 없이 포기하고 임금님께 고하니까, "달이라도 물어 와서 환하게 하라"는 말

에 또 달로 달려가잖아. 달을 덥석 물었다가 너무 차가워서 내뱉고, 또 다시 물었다가는 뱉고 하기를 수십 번 하던 이야기 말이야.

그 충성스러운 불개(삽살개)는 어둠의 나라 임금의 명령대로 지금도 계속해서 해를 가져 오려다 물었다 뱉고를 반복하고, 달을 가져 오려고 물었다 뱉었다를 반복한다고 해. 그래서 해를 물으면 일

식이 되고 뱉으면 정상적인 해가 되며, 달을 물으면 월식이 되고 뱉으면 정상적인 달이 된다고….

해가 아무리 뜨거워도 또 달이 아무리 차가워도, 자신의 몸은 생각 않고 주인의 명령에만 충실한 개의 특성이 잘 나타나잖아! 용감무쌍할 뿐만 아니라, 그런 충성심과 의리가 있는 것이 바로 들개(삽살개)야.

『서유기』에서도 정목안이 한입에 코뿔소의 요정을 물어뜯어 죽이잖아? 손오공이 살려서 보내자고 했지만, 일단 성질이 나면 다른 사람의 말도 귀에 들어오지 않는 거지.

개가 된 사자

신라 성덕왕의 맏아들 중경重慶은 24세 때 "세상 모든 사람이 지옥에서 나와 행복해질 때 비로소 부처가 되겠다"는 서원을 하고 태자 자리를 동생(효성왕)에게 물려주고 출가했지. 그래서 교각喬覺이라는 법명으로 더 유명한 분이야. '높을 교, 깨우칠 각'이니까, 크게 깨우치라는 뜻이지.

신라를 떠나 멀리 인도에 가서 탁발수행하던 때야. 동물의 왕 사자가 쫄쫄 굶어서 배가 홀쭉한 채 엎드려 있는 거야. 스님이 가까이 다가가서는 "어디가 아프냐?"고 물었지. 사자가 말했어. "며칠 전에 사슴을 잡아먹으려다 눈이 마주쳤는데, 너무나 맑은 눈에 두려움이 가득 했어요. 그 후로는 어떤 동물도 잡아먹을 수가 없었어요. 동물을 쫓을 때마다 그 눈이, 눈이 떠올라 잡을 수가 없었어요."

스님이 바랑에서 주먹밥 한 덩이를 꺼내어 주었어. 사자는 생각할 틈도 없이 허겁지겁 다 먹었지. 그리곤 물었어. "제가 지금 먹은 게 무엇인가요? 참 맛있어요." 하면서 입맛을 다시는 거야. "논에서 나는 곡식을 익혀 만든 밥이란다." 사자가 다시 물었어. "그럼 다른 동물을 죽이지 않고도 먹을 수 있는 거네요?" "그렇단다."

스님이 한 덩어리를 더 주었지. 사자가 밥을 냅름 받아먹다가 뱉었어. 그리곤 고개를 갸웃 하면서 말했지. "이 밥은 왜 맛이 없지? 아까는 맛있었는데." 스님이 측은하다는 듯이 말했어. "배가 덜 고프기 때문이지. 고기만 먹던 네 입맛에 곡식으로 된 밥이 맞겠냐?" "그럼 저는 동물만 잡아먹어야 하나요? 동물을 잡아먹기는 싫은데…." 말하는 사자의 표정은 거의 울상이었어. 스님이 말했어. "맛있는 것을 먹으려는 욕심만 버린다면 동물을 잡아먹지 않아도 되지. 두려움에 떠는 슬픈 눈을 보지 않아도 되고."

그 말을 남기고 스님은 또 길을 떠났어. 무언가를 알 듯 모를 듯 멍하니 있던 사자가 갑자기 스님 뒤를 쫓기 시작했지. 스님은 수도를 마치고 신라로 돌아가는 길이었어. 인도에서 신라까지 배를 타고 가려는 거지. 그런데 사자가 따라오는 거야. 배고프다 하면 탁발한 밥을 나눠주곤 했지만, 함께 배를 타고 갈 수는 없었어. 사람들이 사자를 보면 뭐라 그러겠어? 깜짝 놀랄 것이고, 배를 태워주지 않을 것도 뻔해. 누가 무서운 사자하고 같이 배를 타고 싶겠어?

 항구가 가까워지자 생각다 못한 스님이 말했지. "이젠 그만 네

갈 길로 가거라. 네가 지금은 밥만 먹고 순한 체 하지만, 네 본능은 너를 말리지 못할 것이다. 네가 어찌 고기 맛을 잊을 것이며, 밀림의 왕이 되어 포효하고 사는 즐거움을 잊을 것이냐?"

사자는 곰곰이 생각했어. 스님 말이 백 번 옳은 거야. 실은 요즘 들어 부쩍 더 고기가 먹고 싶고, 고향으로 돌아가 친구들과 놀고 싶은 생각이 났거든. 스님과 함께 배를 타면 그런 꿈은 영영 포기해야 한다고 생각하니, 선뜻 스님을 쫓아가겠다고 고집을 피우기가 겁났어. 그래서 슬그머니 꼬리를 말고 스님 곁을 떠났지.

스님을 떠난 사자는 고민에 빠졌어. 이제 며칠 있으면 스님과 영영 이별을 해야 하고, 더구나 두려움에 떨던 사슴 눈이 자꾸 떠올라 사냥을 할 수도 없었어. 그렇다고 스님을 쫓아가면 고향과는 영 이별이고, 고기를 먹는 즐거움도 영영 포기해야 하는 거야.

배고픔 속에서 고민에 고민을 거듭하던 사자가 어떻게 결정을 했을까? 사흘을 내리 굶으며 고민하던 사자는 먼동이 뿌옇게 떠오르던 새벽에 드디어 마음을 정했어. '내가 육식동물인지 채식동물인지는 그리 중요하지 않아. 또 내가 밀림에서 살든지 사람들 틈에서 살든지도 그리 중요하지 않아. 보다 중요한 것은 어떻게 사느냐야. 스님과 있는 동안 나는 마음의 평화를 얻었고, 스님하고 있으면 행복할 수 있다는 생각이 확실히 들었어.' 이윽고 사자는 몸을 일으켜 마구 뛰어갔지. 드디어 스님을 만나 무릎을 꿇고 말했어.

"스님, 저를 버리지 말고 데리고 가 주세요."

스님과 대화를 나누면서, 그리고 탁발한 밥을 먹으면서 차츰차츰 사자는 순한 개로 바뀌어갔어. 사자가 어떻게 개로 바뀌었겠어? 개처럼 순한 성품으로 바뀌었다는 것이지. 그런데 이 개는 특이했어. '사자의 위엄과 개의 순함을 갖춘 눈'을 얻은 거야. 그래서 '나쁜 기운을 알아보는 영리한 개, 귀신과 못된 자들을 쫓아내는 용감한 사자'라는 사자개가 된 거지.

스님의 고향인 신라에는 그렇게 털이 북슬북슬하고 용감한 사자개를 많이 길렀어. 엄밀히 말하면 왕실에서만 길렀던 거지. 스님은 그 사자개를 삽사리라고 불렀어. 신라에서도 그렇게 생긴 개를 삽사리라고 불렀거든.

나중에 스님은 삽사리와 황립도黃粒稻라는 볍씨를 가지고 신라에서 중국으로 건너가서 수도를 하다가 스님의 서원대로 지장보살이 되었지. 지금도 중국에서는 불교의 4대 성지로 구화산의 김교각 스님을 꼽고 숭배하고 있어. 김교각 스님의 몸에 금칠을 하여 좌대에 모신 다음에 그 앞에 신라에서 데리고 갔다는 삽사리의 동상을 세우고 지장보살로 모시고 있는 거지. 지금 중국에서 사자개라고 해서 한 마리에 7억 원이나 한다는 개도 교각 스님이 데려간 삽사리의 후손일지 몰라.

토사구팽

요즘 많이 쓰는 말이지. 토사구팽兎死狗烹. 즉 토끼를 다 잡으면 사냥개를 삶아 먹는다는 이 말은, 필요할 때는 잘 부려먹다가도 쓸모가 없게 되면 쌓은 공도 무시하고 내쳐 버린다는 뜻이야.

사냥개를 왜 기르겠어? 곰을 잡든 토끼를 잡든 사냥할 때 필요하니, 잘 먹이고 잘 훈련시키는 거야. 그런데 사냥감이 없어지면 더 이상 사냥개를 위할 필요가 없어진다는 거지. 그래서 먹이만 축

▪ 사냥감이 없어져 더 이상 쓸모가 없어지자, 삶아 먹으려고 가마솥에 물을 끓이고, 그 앞에서 '내가 무엇을 잘못했나'를 생각하며 한탄하는 사냥개

낸다고 잡아먹는 거야.

　중국에서 초나라와 한나라가 중국을 놓고 한판 대결전을 벌일 때야. 당시 한신은 한나라 유방의 대장군이었어. 패배를 모르는 명장이었지. 한신의 활약으로 초나라의 항우가 막다른 골목에 밀리게 되었어. 그때 한신의 참모인 괴철이란 사람이 한신에게 말했지. "항우를 물리치고 나라가 안정되면 장군님처럼 큰 공을 세운 사람은 죽을 수밖에 없습니다. 장군님이 세운 공을 상 주려면 이 나라 전체를 주어도 모자랄 정도인데, 어느 임금이 자기 자리를 내주겠습니까?" 괴철은 덧붙여 유방을 배신하고 새로이 나라를 세우라고 했지. 하지만 한신은 그 말을 듣지 않았어. 자기를 인정해준 사람에 대한 의리를 지켜야 된다는 거지. 그렇지만 실제로 유방을 도와서 한나라를 세운 뒤에는 장군들이 더 이상 필요가 없어졌어. 그래서인지 한신, 팽월, 경포 등 쟁쟁한 장수들이 모두 죽임을 당했어. 토사구팽 당한 거지.

　사냥개가 억울하겠다고? 꼭 그렇게만 볼 일은 아냐. 사냥이 끝나서 사냥개에게 더 이상 먹이를 주지 않으면, 배고픈 사냥개가 주인을 물어 죽일 수도 있거든. 서로 간에 신뢰가 없을 때 벌어지는 불행한 일이긴 하지.

들개와 정수

들개가 사람하고 같이 사는 집개가 되기는 참으로 어려워. 제멋대로 살다가 사람의 규칙에 맞춰 살라는 것이 그렇잖아? 들개는 대자연 속에서 혼자 살아야 하기 때문에 집개보다 사납고 힘도 아주 세지. 물론 상황에 따른 응용력도 뛰어나고….

그렇지만 개는 개라서, 어둠의 나라 불개처럼 자기에게 주어진 일에 아주 충성스러운 면이 있어. 또 나쁜 귀신을 미리 알아보고 내쫓거나 멍멍 짖어서 주인에게 알리기도 하지. 그런 면이 바로 높은 관리들의 부정부패를 감시해서 임금에게 알리고, 임금의 재물을 보관하는 곳간의 역할을 하는 정수를 수호하는 신장으로 선발되었을 거야.

반짝반짝 정보마당

사자성어 & 속담

■ 삽살개 있는 곳에 귀신도 얼씬 못한다 - 온몸에 털이 북슬북슬 나 있어서 신선이나 도사가 연상되기도 하여 악귀를 쫓는다는 의미로 쓰임.

■ Barking dogs seldom bite=A barking dog never bites.(요란하게 짖는 개는 좀처럼 물지 않는다) - 비슷한 속담 빈 수레가 요란하다. 실속 없는 사람이 허세만 부리는 것을 비유한 말.

■ A living dog is better than dead lion.(산 개가 죽은 사자보다 낫다) - 즉 죽은 것보다는 미천하더라도 사는 게 낫다는 의미.

■ Why keep a dog and bark yourself? (개를 키우면서 직접 짖을 이유는 없다) - 하인이나 고용인을 두고 직접 나설 필요는 없다는 뜻.

교과관련

■ 초등학교 2학년 1학기 〈까막나라에서 온 삽사리〉
: 〈까막나라에서 온 삽사리〉와 본문에 나온 〈불개와 일식 월식〉을 비교해서 읽어보세요. 어떤 부분이 다른가요?

참고도서 & 사이트

■ 삽살개 이야기 (개정판) 고수산나 글 | 대교출판
본문을 보면서 눈이 안 보일 정도로 길게 내려온 털, 폭신해 보이는 커다란 몸집, 민화에도 등장했던 삽사리가 왜 지금은 찾아보기 어려운 것일까라는 질문을 갖게 될 것입니다. 이 책은 할아버지가 어린 손자들에게 말하듯 우리나라 토종견인 삽사리가 사라지게 된 사연을 소개합니다.

❷ 鬼金羊
귀신 귀 / 쇠 금 / 양 양

상징	주작의 눈
크기	1m 60cm
운행 방위	未(남남서)

영토	4°
보이는 때	1/24~2/24
해당지역	황해도 남부
부하별수	6(25)
힘의세기	★★★★★

의미 ▮ 사망, 질병, 제사, 부정부패 반란을 미리 살펴서 막음.
밝고 크면 곡식이 잘되고 사람들이 건강해지며, 그렇지 않으면 음모가 성행하고 세금이 많아진다.

귀금양

귀금양은 28수 중에 귀수를 수호하는 신장이야. '귀'는 귀수를 뜻하는데, 귀수는 남방주작의 머리에 해당하는 별이지. '금'은 칠정 중에 금성(태백성)의 기운을 받았다는 뜻이고, '양'은 양을 상징한다는 뜻이야.

귀금양은 양의 머리에 사람의 몸을 했는데, 키가 1m 60cm이고, 얼굴은 붉은색이 감도는 흰색으로, 두 눈이 황금빛으로 밝게 빛나는 모습이야. 검은색 전포를 입었고, 윤이 나는 검은색 신을 신었으며, 긴 자루가 달린 반월도를 차고 늘씬하게 서서 우아함을 자랑하지.

귀수

귀수는 네 별이 수레처럼 사각형을 이룬다고 해서 '수레 여輿, 별자리 수宿'를 써서 '수레별'이라고도 불러. 하늘의 눈이라고도 하는데, 염소처럼 멀리까지 내다보며 관찰하다가 잘못하면 가차 없이 수레에 실어서 잡아 가두지.

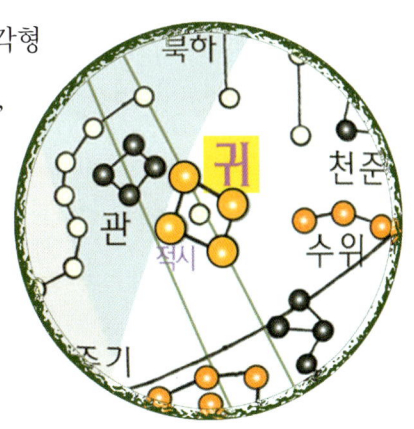

■ 귀수와 주변별들

맞아! '귀신 귀鬼' 자니까 갇힌다기보다는 죽는 거지. 귀수 안에 별 하나가 희미하게 보이는데 '적시積尸'라고 해서 시체의 기운을 모으는 곳이야. 바로 그곳에 가두는 거지.

귀금양이 귀신과 시체의 기운을 고집스레 잘 지키고, 동시에 멀리 보는 염소의 눈으로 세상의 간사한 음모를 관찰하여 미리 막는 역할을 하는 거야. 그래서 귀수를 이리같이 날카로운 성격이 있다고 해서 '이리 랑狼'을 써서 천랑성天狼星이라고도 부르지.

귀수의 부하별자리와 다스리는 영토

귀수는 하늘나라에서 4°의 영역을 맡아서 다스리는 별자리야. 28수가 평균 13°를 맡아 다스리는 것을 생각하면 영역이 아주 작다고 생각할 수 있지. 그렇다고 귀수를 무시해서는 안 돼. 국가의 존망을 좌우할 중요한 기밀 정보를 다루고, 또 귀신이 함부로 다니지 못하도록 잘 가두고 그 영혼을 위로하며, 돌림병을 방비하는 역할을 하기 때문이야.

귀수의 부하별도 이런 일을 할 수 있게 정예 별자리로 구성되어 있지. 횃불 등을 이용하여 급히 보고할 것을 주관하는 **봉화**(**관**爟), 도적으로부터 재물을 보호하고 집을 지키는 **개**(**천구**天狗)는 정보를 알아내고 연락하며 지키는 역할을 해.

귀수 안에 별이 하나 있는데, **시체들의 기운 모음**(**적시기**積尸氣)이

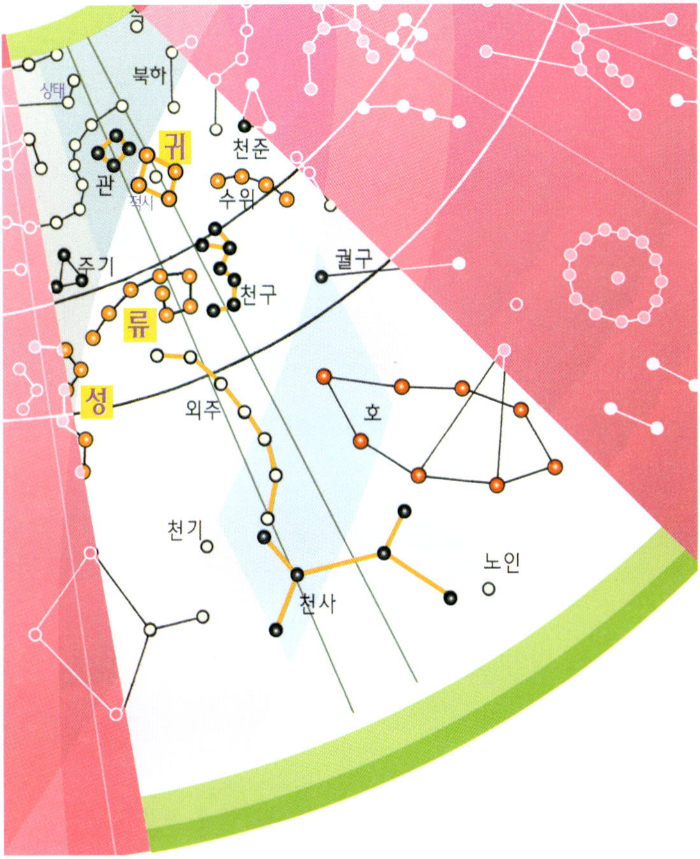

야. 사람이 죽고 다치는 일과 제사 지내는 일을 주관하는 별이지. 귀수가 '귀신 귀' 자를 쓰니까 그 안에 있는 별도 **시체들의 기운 모음**이 되는 거야.

 개 아래에 있는 별자리가 임금이 교외에서 제사 지낼 때 제물을 장만하는 **야외 주방**(**외주** 外廚)이고, 그 바로 밑의 별자리가 하천과

땅의 귀신을 맡은 **토지신**(**천사**天社)이야. 숲속의 정령이 되어서 날짐승이나 길짐승의 수명을 맡아 관리하는 **정령**(**천기**天紀)은 **야외 주방**과 **토지신**의 중간쯤에 있는데, 이 별자리들은 죽은 사람이나 동물을 잘 가두고 위로하는 역할이야.

황도궁으로는 거해궁에 속하고, 황해도의 남부지방에 해당해. 지금 귀수에 해당하는 지역에서 포탄과 총알이 오고가며 군인아저씨들이 많이 죽었잖아! 이곳은 남과 북이 대치되어서 서로 감시하고 경계하는 곳이기도 하지. 그러니까 귀수가 또렷하거나 빛이 잘 나면 이 지방이 그만큼 잘살게 되는 것이고, 빛이 흐려지거나 제대로 모습을 안 갖추고 있으면 해당지역이 좋지 않게 되는 거야.

▪ 귀수에 해당하는 지역 : 연안, 연백, 금천, 남천, 백천, 백령도.

염소

그냥 양이라고 하면 털옷감을 생산하는 면양이 생각나지? 그런데 귀금양의 양은 산양山羊을 말해. 우리말로 염소라고 하는 것에 가깝지. 염소는 양과 달리 털이 거칠고 곧아. 뿐만 아니라 암수 모두

뿔을 가지고 있지. 또 염소 꼬리는 짧고 눈과 눈 사이가 벌어져서 가까운 곳보다는 먼 곳을 잘 봐. 사람도 눈 사이가 멀면 미래를 계획하는 사람이야. 다만 너무 멀리 떨어져 있으면 현실감이 떨어지기는 해.

 온순하고 겁 많은 양과는 달리 활발하고 동작이 빠르며, 높은 산악지대와 험한 곳을 주 생활터전으로 삼으면서 백과초목을 다 먹지. 오만한 성격에 고집 세고 굳센 면이 있는데, 그러면서도 자기 새끼에게는 무릎을 꿇고 젖을 물릴 정도로 부드럽기도 해. 무리로 다니면서도 파벌을 만들지 않는 곧은 성격을 자랑하는데, 이른 아침이나 늦은 저녁에 활동하는 동물이고, 잔잔한 바람과 따뜻한 해를 좋아하지.

▌난 산양이라고 해. 산 속 높은 곳에 살고 동작이 빨라서 좀처럼 사진 같은 것에 찍히지 않는데, 밤이라서 방심했더니 찍혔구먼.

염소 수레

진晉나라의 임금 사마염이 촉한과 오나라를 평정하고 드디어 삼국을 통일했어. 왜, 너희들이 본 『삼국지』 말이야. 그 삼국이 통일되어 진나라가 된 거야. 그냥 통일만 했으면 좋은데, 오나라의 예쁜 궁녀를 보니 마음이 달라져서 그 중 5천 명을 뽑아서 궁으로 들어오게 한 거야.

이제 더 이상의 적도 없고 궁궐 안에는 아름다운 궁녀가 1만 명

이 방의 궁녀가 제일 예쁘다고?
그럼 오늘은 이 방에서 잔치할까?
알고 보니 이놈들 댓잎에 눈이 어두웠구나!

이나 되니, 어떤 궁녀가 더 예쁘다 할 것도 없고 일일이 선택하는 것도 번거로웠어. 그래서 염소(羊) 네 마리가 끄는 수레를 타고 염소가 멋대로 가도록 하고는, 염소가 멈추는 후궁의 방에서 잔치를 베풀고 자곤 하였지.

그랬더니 후궁들 사이에서 전쟁이 일어났어. 서로 임금을 모셔 가려고 총력전을 편 것이야. 그런데 이상하게도 염소가 좋아하는 궁녀가 따로 있어서 그곳에서만 멈추는 거야. 다른 후궁들에게는 정말 괴로운 일이었어. 어떻게든 임금님을 자기 방에 모셔야 계급도 올라가고, 또 자식을 낳아야 미래가 보장되는데, 임금님이 엉뚱한 후궁방에서 잔치하고 잠을 자니, 얼마나 속이 탔겠어?

그래서 알아보니, 그 궁녀가 자기 방 앞에 염소가 좋아하는 대나무잎을 매달아 놓은 것이었어. '아하! 이걸로 염소를 낚고 임금을 낚았구나!' 그 다음부터 다른 궁녀들도 대나무잎을 매달아 놓으니, 염소가 골고루 멈추어 서게 되었지.

그런데 얼마 뒤부터는 다시 먼저 좋아하던 궁녀의 방 앞에서만 염소가 멈추는 거야. 그래서 또 알아보았더니, 이 궁녀가 방문 앞에 염소가 좋아하는 소금을 뿌렸는데, 그냥 뿌린 것이 아니고 남이 알세라 소금을 물에 타서 뿌린 거야. 염소가 소금을 먹으려고 멈추어서니, 또 임금은 그 궁녀 차지가 된 거지.

결국 다른 궁녀들도 문앞에 소금을 뿌려서 염소를 유인하게 되었지만, 그때는 이미 먼저 소금을 뿌린 궁녀가 임신을 한 뒤였어. 지금 좋지 못한 손님이 오면 "소금 뿌려라! 재수없다"고 하는 풍속도, 실은 나쁜 손님을 쫓으려는 것이 아니라, 소금을 뿌림으로써 임금의 성은이라는 큰 복이 들어오게 하려던 욕심에서 기원한 것이야.

  또 궁녀들이 염소를 끌어들이려고 갖은 방법을 다 동원했지만, 염소는 힘으로 제어한다고 말을 듣는 동물이 아니야. 궁녀들이 염소를 잡아당긴다고 염소가 멈춰 설까? 아냐, 염소가 순해 보여도 일단 고집을 피우면 도저히 못 당해. 그저 염소가 좋아하는 것으로 유인해서, 살살 달래야 서로 다치지도 않고 힘도 안 드는 것이지.

고집 센 염소

이솝이야기에서 본 적이 있을 거야. 끈 하나에 매인 두 마리 염소가 풀을 뜯어 먹는 이야기 말이야. 그래! 맞아, 그 이야기야! 한 마리는 동쪽에 있는 풀을 먹으려 하고, 한 마리는 서쪽에 있는 풀을 먹으려 했잖아. 서로 자기가 택한 것을 먼저 먹겠다고 싸움만 했지. 이러니 어디 풀을 뜯을 수가 있겠어? 한 마리가 동쪽으로 가려고 하면 다른 한 마리가 서쪽으로 끌고 가니, 서로 목만 아프고 힘만 들었지.

그러다가 둘은 결국 동쪽 풀을 먼저 먹고 그 다음 서쪽 풀을 먹기로 타협을 한 후에야 비로소 둘 다 배불리 먹을 수 있었지.

그래서 고집 센 염소를 다스리려면, 염소의 뜻을 따라주는 것이 제일 우선이야. 그렇게 따라주면서 내가 하고 싶은 방향으로 이끄는 거지.

염소와 귀수

염소는 멀리 있는 것을 잘 보는 눈을 가졌어. 이 말은 가까운 데 있는 것은 잘 못 본다는 뜻도 돼. 또 고집이 세서 힘으로 염소를 제어하려면 잘 안 돼. 그래서 염소가 원하는 대로 해주는 척하고 실은 내 뜻대로 움직이게 하는 지혜가 필요해. 그러니까 먼 데는 잘 보고 가까운 데는 잘 못 보는 염소의 특성이, 멀리서부터 염소를 제어하면 잘 듣지만 가까운 데에서 염소를 제어하려고 하면 막무가내로 말을 안 듣는 것으로 나타나는 거지.

바로 이런 면이 죽을 사람은 예외 없이 데려가 귀수 안에 가둬서 굳게 지키고, 간사한 음모는 미리 살펴서 미연에 방지하는 귀수의 역할과 연관성이 있는 것이야.

■ 왕의 무덤 주위에서 볼 수 있는 돌로 조각한 양. 악한 기운을 물리치는 역할이 주어졌대.

반짝반짝 정보마당

사자성어 & 속담

▌ 망양지탄(亡羊之歎) - 여러 갈래 길에서 양을 잃고 탄식한다는 뜻. 학문의 길도 여러 갈래라 갈피를 잡기 어렵다는 말. 또는 학문의 폭이 좁음을 탄식함.

▌ 양두구육(羊頭狗肉) - 양의 머리를 내걸고 팔기는 개고기를 판다는 뜻. 겉보기엔 그럴듯하지만 속은 변변하지 아니함을 뜻함.

▌ 저양촉번(羝羊觸蕃) - 숫양이 무엇이든지 뿔로 받기를 좋아하여 울타리를 받다가 뿔이 걸려 꼼짝도 못한다는 뜻. 사람의 진퇴가 자유롭지 못하게 됨을 이르는 말.

▌ 이양역우(以羊易牛) - 양으로 소와 바꾼다는 뜻으로, 작은 것을 가지고 큰 것을 대신해 쓰는 일을 이르는 말.

▌ As well be hanged for a sheep as a lamb.(새끼 양 훔치고 교수형 될 바에야 어미 양 훔친다) - 이왕 하려면 잘하라는 의미.

추천장소

▌ **대관령 양떼목장** http://www.yangtte.co.kr
강원도 대관령 정상에 위치한 목장입니다. 양들에게 직접 건초를 먹여보고, 양치기 개가 양을 모는 모습도 볼 수 있습니다. 목장산책로를 따라 걷다보면 다양한 야생식물들을 만나게 됩니다.

오방의 세 동물
류토장 성일마 장월록

동방	진 묘 인	각 항 저 방 심 미 기
북방	축 자 해	두 우 여 허 위 실 벽
서방	술 유 신	규 루 위 묘 필 자 삼
남방	미 오 사	정 귀 류 성 장 익 진

오방은 정남방이야. 열두 방위 중에 가장 밝고 따뜻해서 만물이 무성하게 잘 자랄 때지. 그래서 덩치 크고 잘 움직이는 노루, 말, 사슴의 세 동물을 배당한 거야. 양기운이 극성한 여름에는 만물이 다 잘 자라서 덩치가 커지게 마련이거든.

 오방의 별은 류수, 성수, 장수인데, 류수에는 노루를, 성수에는 말을 배당하고, 장수에는 사슴을 배당했어. 오시(오전 11시~오후 1시)는 해가 가장 높이 뜨는 한낮이야. 물론 오월(양력 6월)도 1년 중 해가 가장 길어지고 높이 뜨는 달이지.

그런데 재미있는 것은 뜨겁고 강한 양기운이 극성을 부리는 오월(양력 6월)에 춥고 약한 음기운이 탄생한다는 거야. 왜 독재정치를 해서 사람들을 꼼짝 못하게 얽어맬 때, 사람들이 몰래 지하단체를 결성해서 독재에 항거하잖아? 뭐든지 완벽하게 꼼짝 못하게 했다고 할 때, 바로 그때부터 그에 반대하는 세력이 나오는 거야.

그래서 튼튼하고 씩씩한 말과, 순하디 순한 사슴이나 노루를 같이 배당한 거야. 또 말은 발굽이 둥글어서 양을 상징하고, 사슴이나 노루는 발굽이 둘로 갈라져 있어서 음을 상징해. 양은 씩씩하고 밖으로 나대길 좋아하고, 음은 순하면서 모여 살기를 좋아하지. 이 세 동물이 덩치는 다 크지만 성격은 이렇게 달라.

말해에 태어난 사람들은 노루나 말 그리고 사슴의 특성이 많다고 보면 돼. 특히 1~4월생은 노루, 5~8월생은 말, 9~12월생은 사슴의 특성이 많지.

난 장월록. 선녀와 나무꾼의 중매자 사슴이란다.

난 성일마. 씩씩하게 달리는 나를 모르지는 않겠지?

난 류토장 노루란다. 나하고 사슴하고 구별 좀 해줘. 사슴은 꼬리가 있고, 나는 꼬리가 거의 안 보여. 그리고 일부일처제를 잘 지키지.

❸ 柳
버드나무 류

土
흙 토

獐
노루 장

상징	주작의 부리
크기	1m 50cm
운행 방위	수(남)

영토	15°
보이는 때	1/29~2/28
해당지역	서울, 경기도 서북부.
부하별수	1(3)
힘의세기	★★★

의미 주방, 음식창고, 잔치, 우레와 비.
밝으면 건강한 식사와 잔치 문화가 일어나고, 그렇지 않으면 알콜중독, 기근, 병란 등으로 죽게 된다.

류토장

류토장은 남방주작칠수 중에 류수를 수호하는 신장이야. '류'가 바로 류수를 뜻하는 거지. 류는 버드나무가지가 늘어진 것과 비슷하게 생겼다고 해서 붙은 이름이야. 맞아! '버드나무 류柳'자야. 버드나무가지가 물 있는 곳을 향해 척척 늘어지듯이, 류수도 순하고 겸손하게 시키는 대로 움직인다는 뜻이 있어.

'토'는 칠정 중에 토성의 정기를 받았다는 뜻이고, '장'은 노루라는 동물로 대표된다는 뜻이야.

류토장은 노루의 머리에 사람의 몸을 하였는데, 키가 1m 50cm이고, 얼굴은 누런색이야. 버들가지처럼 척척 늘어진 누런색 전포를 입었고, 머리에는 푸르고 검은색의 넓은 띠를 맸으며, 붉은 갓끈이 달린 긴 창을 잡고 있는 늘씬한 모습이지.

류수

류수를 남방의 한가운데에 있다고 해서 중앙성中央星이라고도 부르는데, 여덟 개의 별이 주작의 부리를 이루고 있어. 부리에 해당해서

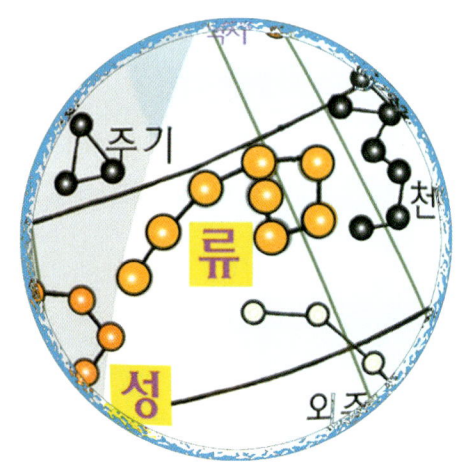

■ 류수와 주변별들

그런지 하늘의 주방 또는 음식창고를 뜻하는 별이 되었어. 잔치하고 놀면서 그냥 즐겁고 순하게 되는 거지. 별이 밝으면 술과 음식이 풍부해지고, 색깔을 잃으면 천하가 불안해지고, 기근이 발생한대.

류수의 부하별자리와 다스리는 영토

류수는 28수의 평균치인 13°보다 다소 넓은 영역인 15°의 영역을 맡고 있어. 그런데도 부하별자리는 하나밖에 없는데, **술 깃발(주기** 酒旗)이라는 별자리야. '술 주'에 '깃발 기'를 쓰는 별자리지. 너희들이 생각한 그대로야. 술과 음식을 누구 자리에 배치할 것인지를 잘 살펴서 손님들에게 불편이 없도록 하는 직책을 맡고 있어. 류수는 주방창고 역할을 하기 때문에 넓은 지역에 음식상을 잘 배치하고 손님들이 불편 없이 잘 먹을 수 있도록 하는 역할이지. 마치 새가 부리로 먹이를 쪼아서 지금 먹을 것과 나중에 먹을 것, 내가 먹을 것과 새끼들이 먹을 것을 구별하는 것과 같아.

▌류수에 해당하는 지역 : 개성, 고양, 서울, 문산, 파주, 금촌, 원당, 송도, 장단, 마전, 적성, 구리, 김포, 통진, 양천, 강화.

황도궁에서는 사자궁에 속하고, 서울을 포함한 경기도 서북부에 해당하지. 그러니까 류수가 또렷하거나 빛이 잘 나면 이 지방이 그만큼 잘살게 되는 것이고, 빛이 흐려지거나 제대로 모습을 안 갖추고 있으면 해당지역이 좋지 않게 된다고 하지.

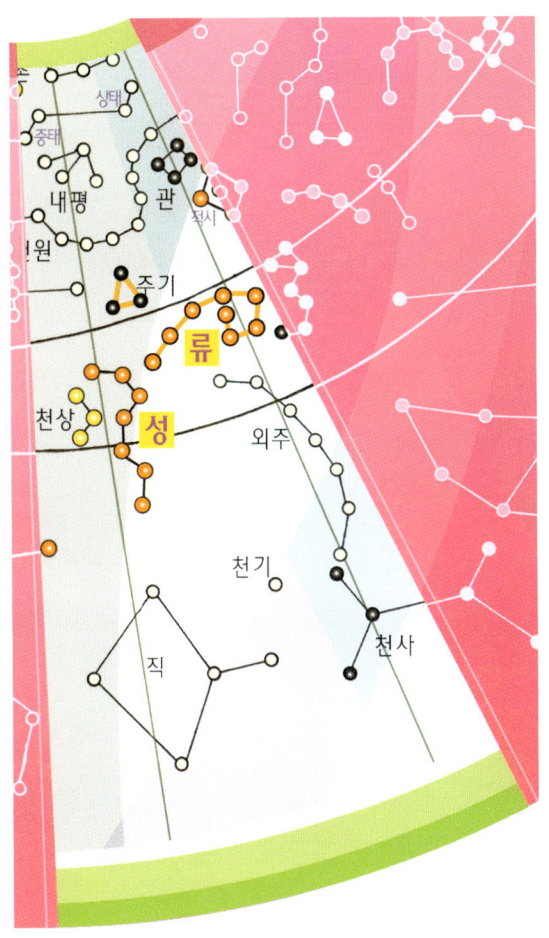

산노루

류토장의 '장'은 산에 사는 산노루를 뜻해. 산노루는 착하면서도 잘 놀라지. 노루는 쓸개가 작아서 물 먹다가 제 그림자를 보고도 놀라서 도망갈 정도야. 그래서 해가 뜨면 숨고 밤이 되면 활동하는 등 그늘지고 어두운 때를 좋아해. 그런 노루가 한낮에 해당하는 오방을 담당했다는 것이 우습지? 그렇지만 아까 말했듯이 세상일은 양면성이 있는 거야. 가장 밝을 때 어둠이 잉태되는 것처럼.

보통 노루는 황갈색 또는 적갈색의 털을 가졌는데, 고구려 초기에는 흰 노루를 잡았다는 기록이 세 건이나 나와. 흰 노루는 정치를 잘했다는 좋은 징조가 있을 때 나타나거든. 아마도 이때는 백성들이 살기 좋은 정치를 했었나봐.

노루는 추위로부터 몸을 보호하는 지방질이 적은데도 음지에서 살지. 그것도 높은 산에서 말이야. 그 체질이 양성이어서 열이 많이 나기도 하지만, 초가을이 되면 등에(파리처럼 생겼으나 피부에 붙어 피를 빨아 먹는다)가 노루피부에 알을 낳기 때문이야. 겨울에 조금만 따뜻해지면 등에가 극성을 부리기 때문에 추운 데로 돌아다니는 거지. 정말 구더기 무서워서 장 못 담그는 노루야. 그래서 한자로 '장'이라고 그랬냐고? 정말 그런지도 모르지.

추운 곳에 사는 또 한 가지 이유는 호랑이, 표범, 늑대, 곰, 심지어는 독수리까지 노루를 사냥하기 때문에 이들을 피하기 위해서이기도 해. 한 번 도약해서 6~7m나 뛸 수 있는 빠른 질주력을 갖고 있지만, 노루고기를 좋아하는 맹수들은 더욱 노련하거든. 그러니까 가장 밝은 오방을 맡았으면서도 어둡고 추운 음지로만 돌아다닌다는 거지.

　노루는 비슷한 동물 중에서는 보기 드물게 일부일처제야. 부부 금슬이 좋은데, 이 점이 바로 사슴하고 구별되는 점이기도 해. 사슴은 일부다처제거든. 노루는 제 짝이 죽으면, 며칠간 그 주위를 맴돌며 울부짖는 바람에 위태하게 되기도 하지. 또 자식사랑도 남달라서 피리로 노루새끼 소리를 내면 곧바로 달려오거든. 사람들은 이를 이용하여 사냥을 하기도 해.

사람과 뱀과 노루

옛날옛날에 나흘간을 이어서 엄청나게 비가 왔어. 사방이 물에 잠겨서 산꼭대기로 피신할 수밖에 없었지. 그런데 물이 워낙 급하게 불어서 미처 몸을 피하지 못한 사람이 있었어. 물속에서 허우적대고 있었는데, 그때 마침 사공이 뗏목을 타고 오는 거야. 그래서 "사람 살려!" 하고 외쳤지. 그러면서도 사공이 자기를 구해주지 않고 떠나갈까봐 또 외쳤지. "나를 구해주면, 금비녀를 주겠소!"

　사공이 그 소리를 들었는지 얼른 와서 구해주는 거야. 그 사람은 고맙다고 하면서 약속대로 금비녀를 주었지. 사공이 안 받겠다고

손사래를 쳤지만, 그 사람은 거센 물결에 겁을 먹었어. 지금은 뗏목 위에 안전하게 있지만, 언제 또 급류에 휘말려 물에 빠질지 몰랐거든. 그래서 사공에게 금비녀를 주면 혹시 자기가 다시 빠지더라도 또 살려줄 거라고 생각했지. 그래서 싫다는 사공의 주머니 속에 금비녀를 넣어주며 생명을 구해주신 감사의 표시니 꼭 받아야 된다며 우겼지.

그런데 사공이 이 사람만 건져준 게 아니라, 뱀도 건져주고, 노루도 건져주는 거야. 처음에는 먹을 게 없어서 잡아먹으려나 생각했어. 그렇게 며칠 지나고 물이 다 빠졌어. 그런데 사공이 뱀도 놓아주고 사슴도 놓아주는 거야. "그동안 고생했다. 이제 물이 빠졌으니 안심하고 가거라." 하면서 말이지. 그 사람은 억울했어. 어차피 다 구해줬을 것을 괜히 자기만 금비녀를 줬다고 후회했지.
너희들 물에 빠진 사람 구해주니까 보따리 내놓으라고 한다는 말 들어본 적 있지. 그 사람도 이제 살게 되니까 생각이 바뀐 거야. 전에 사공에게 주었던 금비녀가 아까웠던 거지. 그래서 관가에 가서 고소를 했어. 사공이 자기 금비녀를 훔쳐갔다고.
결국 사공은 감옥에 갇히게 되었어. 죄를 실토하지 않는다고 곤장도 많이 맞아서 다 죽게 되었지. 그 소식을 들은 노루가 약초를 캐서 뱀에게 주었어. 약초 있는 곳은 노루가 잘 알아서 캤지만, 노루는 덩치가 커서 감옥엘 들어갈 수가 없었거든. 그래서 뱀이 노루가 씹어놓은 약초를 물고 감옥에 들어가서 사공의 상처에 붙여주어서 완쾌되었지. 또 감옥에서 풀려나오자 노루가 산삼을 캐서 주었어. 물론 사공은 산삼을 팔아서 잘살았고.

노루가 잡아준 명당
전라도 함평군 나산면은 대대로 함평 이씨들이 살아온 터전인데, 지금도 그 후손들이 아주 번창해서 잘살고 있어. 그게 모두 노루 덕이라는 거지.

조선시대 때 그 중시조격인 이적이라는 사람이, 벼슬한 형 대신에 부모님을 모시고 고향에서 살고 있었어. 하루는 나무를 하러 산에 올랐는데, 사냥꾼한테 쫓긴 노루가 살려달라고 하는 거야. 그래서 "너도 생명체인데 살아야지." 하면서 나뭇단으로 가리고 두루마기로 덮어서 숨겨주었지.

사냥꾼이 지나간 뒤에 나뭇단 속에서 나온 노루는 고맙다며 명당자리를 가르쳐 주겠다고 했어. 노루가 어떤 명당을 원하냐고 할 때, 이적은 형제가 적어서 부모님께서 걱정하시는 것을 생각하고 "이왕이면 자손이 번창할 곳을 가르쳐주게." 하였지. 노루가 한 자리를 가리키면서 "말씀하신 대로 다른 것은 몰라도 자손은 번창할 것입니다." 하였어.

그 덕분인지 함평 이씨의 후손이 많아졌다는 거야. 지금도 벌초를 할 때 1년생 풀만 깎고 칡넝쿨은 그냥 놔둔다고 해. 산소를 덮어오는 칡넝쿨일지라도 가만히 말아서 한쪽으로 둔대. 번식을 잘 하는 칡을 왜 그냥 둘까? 노루가 칡을 제일 좋아하기 때문에 노루 먹으라고 그냥 살려둔다는 거야. 그 산소를 노루가 잡아주었다고 해서 노루명당이라고 부른대.

또 경상도 하동군에 있는 개무덤 동네는 노루가 산소터가 아닌 집터를 잡아준 곳으로 유명해. 그러니까 노루가 죽은 사람의 집인 음택뿐만 아니라 산 사람의 집인 양택도 잘 본다는 뜻이지.

노루와 류수

노루와 사슴은 비슷해. 선녀와 나무꾼도 실은 노루가 중매를 해주었다는 이야기가 있어. 노루는 은혜를 입으면 반드시 갚는 의리 있는 동물이라는 거지. 또 사람이 모르는 신비한 곳과 정보를 아는 동물로 알려져 있고, 하늘 땅의 이치를 아니 좋은 명당자리를 잘 고를 수도 있는 거야. 먹을 것이 있으면 함께 먹는 의리가 있고, 한 번 맺어진 인연을 중시하는 일부일처의 사랑을 하지. 앞날을 미리 아는 신통함도 있고, 은혜를 입으면 반드시 갚을 줄 아는 보은의 마음도 있어.

이런 면이 공을 세운 사람에게 음식과 술을 골고루 대접하고,

우레와 비를 적절하게 내려서 백성을 평안하게 하는 류수와 닮았다고 해서 류수의 신장으로 선택된 거야.

반짝반짝 정보마당

사자성어 & 속담

- 주장낙토(走獐落兎) - 노루를 쫓다가 생각지도 않은 토끼를 잡았다는 뜻. 뜻밖의 이익을 얻음.
- 노루 잡는 사람에 토끼가 보이나 - 큰일을 꾀하는 사람에게 하찮고 사소한 일은 보이지 않음.
- 노루가 제 방귀에 놀라듯 - 사소한 것에도 크게 놀람을 비유한 말.
- 노루꼬리가 길면 얼마나 길까 - 보잘 것 없는 재주 하나를 믿고 너무 설친다는 말.
- 노루잠 - 깊이 잠들지 않고 자꾸 놀라 일어남.
- 노루가 어떤 마을을 보고 울면 그 마을에 화재가 발생한다.
- 약을 사가지고 갈 때 노루가 앞을 지나가면 약효가 없다 - 노루가 사람 눈에 잘 안 띄고 인간이 모르는 것을 많이 알고 있는 신비한 동물이다.

교과관련 초등학교 2학년 2학기 읽기 〈나이자랑〉

추천장소
- 노루생태관찰원 http://roedeer.jejusi.go.kr
제주시에 위치한 노루생태관찰원은 드넓은 산림과 각종 동물들이 자연 그대로 보호·관리되고 있는 곳으로 노루 관찰을 비롯한 자연학습과 생태체험, 오름 산행을 함께 즐길 수 있는 곳입니다. 사이버체험실에서는 실시간으로 노루가 지내는 공원 전경을 보여줍니다.

④ 星 日 馬
별 성 날 일 말 마

상징	주작의 목 또는 심장
크기	2m 30cm
운행 방위	 午(남)

영토	7°
보이는 때	2/13~3/16
해당지역	경기도 서남부
부하별수	4(29)
힘의세기	★★★★

의미 ▮ 왕비, 좋은 아내, 참모, 군인 경찰, 훌륭한 보좌. 밝으면 평안하고, 어둡거나 다른 별이 다가오면 왕이나 참모가 질병, 도적, 패망 등의 어려움을 겪는다.

성일마

성일마는 남방주작칠수 중에 성수의 수호신장이야. '성'은 성수라는 뜻이야. 남방주작칠수 중 한가운데에 있는 별자리이고, 동시에 28수 중에서도 한가운데 있는 별자리이지. 그래서 궁궐 안에 있는 황후나 나라의 중요한 일을 하는 인재를 뜻해.

'일'은 칠정 중에 해의 정기를 받았다는 거야. 성수는 가장 밝은 남방의 한가운데에 있는 별인데다 해의 정기를 받아서, 백 리나 떨어진 곳에도 아름다움을 뽐내고 천 리나 멀리 위엄스런 빛을 뿜는 별자리지. '마'는 물론 말이라는 동물로 대표된다는 뜻이지.

성일마는 말의 머리에 사람의 몸을 하였는데, 키가 2m 30cm나 되고, 얼굴은 자주빛이 도는 붉은색이야. 누런색 띠를 두른 황금으로 된 네모난 모자를 썼으며, 윤이 나는 검은색 신을 신고, 보배로 장식한 칼을 차고 멋들어진 모습을 뽐내지.

성수

성수는 주방을 뜻하는 류수의 옆에 있어. 그래서 안살림을 도맡는 황후를 뜻하나봐. 생긴 것

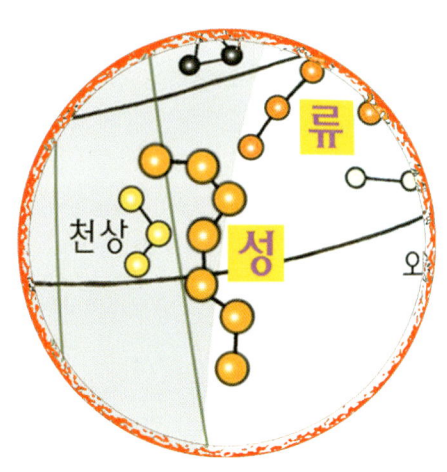

■ 성수와 주변별들

도 S라인인 게 딱인 것 같아.

성수는 일곱 개로 구성되어 있어서 칠성이라고도 해. 임금을 보필하는 자리이니 이 별이 밝아야 나라가 평안하겠지.

오른쪽 그림을 봐. 성수는 남방의 별 중에 한가운데 있고, 이 일곱 개의 별은 주작의 목과 심장을 이루고 있어.

성수의 부하별자리와 다스리는 영토

성수는 하늘나라에서 7°의 영역을 맡아 다스리는 별이야. 28수의 평균 영역인 13°의 약 반에 해당하는 작은 영역이지. 옛사람들은 임금 옆에서 보좌역할을 하는 사람들의 권력은 작을수록 좋다고 생각한 거야.

성수의 부하별자리 중에 아주 특이한 별자리가 있어. **헌원**(軒轅)이라는 별자리인데, **헌원**은 황제씨의 또 다른 이름이야. 그 정령이 하늘로 올라가 별이 되어서 황후나 후궁 등 궁궐 안에서 일하는 여자 벼슬아치들을 다스리게 되었지.

헌원의 바로 위에 내명부(여인으로서 벼슬을 가진 후궁이나 상궁)에 속한 후궁의 잘잘못을 공평하게 다스리는 **내명부 감찰**(**내평**內平)이 있는데 **헌원**을 감시하는 별이야. 또 정승의 역할을 맡아 행하는 **정승**(**천상**天相)이 성수의 옆에서 성수를 보필하고 있지. 그 밑에는 농

사일을 주관하는 **기장**(**직**稷)이 있는데, 이곳에서 **기장** 농사를 잘 지어서 임금님이 제사 때 쓸 제물로 바치는 거야.

황도궁으로는 사자궁에 속하고, 경기도의 서남부 지역에 해당해. 그러니까 성수가 또렷하거나 빛이 잘 나면 그 지방이 그만큼

성일마

잘살게 되는 거고, 빛이 흐려지거나
제대로 모습을 안 갖추고 있으면
해당지역이 좋지 않게 되지.

▋ 성수에 해당하는 지
역 : 부평, 인천, 안
산, 오산, 송탄, 과천,
시흥, 수원.

말의 특성

말은 잔잔한 바람과 따뜻한 햇볕을 좋아하고, 춥고 비 오고 눈 오는 것을 싫어해. 또 덕이 있어서 군자에 비유되기도 하는데, 말의 특성은 말 고르는 방법에 다 나와 있어.

멀리 바라보면서 조금씩 뛰는 것은 비썩 마른 근육의 말이고, 가까이 바라보면서 크게 뛰는 것은 살집이 많은 말이며, 앞을 볼 때는 정면을 응시하고 옆을 볼 때는 자신의 배를 바라보며 뒤를 볼 때는 자신의 발을 보는 말이 뛰어난 말이라고 전해져. 왜, 100m를 뛰는 단거리 선수는 근육이 많고, 마라톤을 하는 장거리 선수는 비썩 말랐잖아. 말도 단거리용이 있고 장거리용이 있는 거야.

또 입 안에 붉은색과 흰색이 있는 말과, 코에 붉은색이 있어서 붉은 반점 같은 말과, 눈에 붉은색이 비추는 말이 오래 산대.

마이동풍

말귀도 잘 알아듣지 못하는 소의 귀에 소중한 경문을 읽어준다면 소가 고맙다고 할까? 그 가치를 잘 모르겠지? 그래서 "우이독경牛耳讀經(쇠귀에 경 읽기)"이라 해서, 가치도 모르고 알아들을 줄도 모르는 사람한테, 귀한 것을 주고 귀한 것을 알게 하려고 애쓴다는 비유로 쓰는데, 그와 비슷한 말이 바로 마이동풍馬耳東風이야.

당나라 때 이태백이 문장으로 널리 알려지자, 왕십이라는 시인이 자신의 불우한 처지를 빗대어 시를 보냈어. 이름이 왕십리 같다고? 왕십리가 아니고 '왕십이'야. 중국사람들은 자식이 많으면 분간하기 어렵다고 해서, 낳은 순서를 이름으로 붙이는 경우가 많아. 이 사람도 아마 열두 번째 아들이라서 이름을 '십이+二'라고 했을 거야.

●●●●● 좋은 말 고르는 법

좋은 말을 고르는 방법에 "㉠간이 작아야 하므로 귀가 작아야 하고, ㉡폐는 커야 하므로 코가 커야 하며, ㉢비장은 작아야 하므로 옆구리가 홀쭉해야 하고, ㉣심장은 커야 하므로 눈이 커야 하지. ㉤또 윗입술은 완만하고 두터워야 하고 아랫입술은 급하고 가늘어야 생산을 잘하며, ㉥윗니는 갈고리처럼 뾰족하고 굽어야 오래 살고 ㉦아랫니는 톱니 같아야 성을 잘 낸다. ㉧또 허리는 길고 커야 하고 이마는 각지면서 평평해야 잘 달리며, ㉨목구멍은 구부러졌으면서도 깊고, ㉩근육들은 큼직하면서도 빛나야 한다. ㉪귀는 댓잎처럼 뾰족하고 눈동자는 매달린 방울 같아야 하며, ㉫머리는 높이 쳐들어야 하고 목은 하늘을 나는 용같이 세워야 좋다"고 해.

어쨌든 이태백이 답장을 썼어. "지금 사람들이 무식하면서도 유식한 체하며, 간신들이 득세하여 나라가 어지러워져서 진정한 학자를 못 알아줍니다. 마치 말의 귀에 동풍이 부는 것과 같습니다."

생구인 소에게는 그래도 경문을 읽어줄 마음이 있는데, 말에게는 글도 아니고 그저 바람이 불어도 모른다고 한 거야. 사실 말은 바람을 좋아해서 바람을 잘 구별하고, 특히 동풍은 말한테 춘심(**봄바람에 느끼는 감정**)을 일으키는 좋은 바람인데, 말이 억울하게 되었지. 아마, 말이 그 말을 들었으면, "내가 왜 동풍을 몰라?" 하고 항의했을 거야.

내 귀에 대고 확실히 말해봐!
"맹자왈 공자왈…",
통 무슨 소린지! 에라!
저리 가라, 뒷발로 콱 찰까보다.

좋은 글을 읽어주면 젖소는 젖을 많이 생산하고, 육우는 고기의 질이 좋아진다고 하지. 그래서 요즘에는 소음이 없는 조용한 곳에서 소를 키우며 음악을 들려준다고 하기는 해. 마음 편하고 좋은 말을 들으면 기분이 좋아서 잘 자라고 훌륭하게 되는 거야. 그런 건 소나 말이나 사람이나 다 똑같지. 그러니 말도 자꾸 좋은 말을 듣게 하고, 또 좋은 환경에서 자라게 해야지.

천고마비 天高馬肥

천고마비는 하늘 천, 높을 고, 말 마, 살찔 비. "하늘은 높고 말은 살찐다"는 뜻으로, 가을이 좋은 계절임을 일컫는 말이야. 가을이 되면 공기도 좋고 먹을 것도 풍부하고, 또 겨울을 나기 위해 지방도 축적해야 되니 말이 살찔 수밖에.

옛날에 중국은 흉노라는 북방민족에게 수시로 변방을 침략당해 그 방비에 골치를 앓았어. 바람처럼 쳐들어와 노략질을 하고는 바람처럼 사라지는 흉노족, 주나라 이래 2천 년 동안 중국을 괴롭힌 대단한 민족이지. 유럽의 판세를 뒤집은 게르만족의 대 이동도 한나라 무제에게 쫓긴 흉노족이 유럽으로 쳐들어가서 일어난 거야. 그런데 흉노족은 서늘한 기후를 좋아해서 중국을 점령했어도 얼른 다시 돌아갔고, 유럽을 쳐들어가서 점령하고도 중앙에서 살지 않고 북쪽으로 가서 살았어.

헝가리 같은 나라가 바로 흉노족이 세운 나라야. 중국에 쳐들어 갔을 때는 자기네 고향이 가까우니까 돌아갔지만, 유럽까지 가서는 돌아가기에 너무 멀었지. 그래서 유럽의 북쪽에 나라를 세우고 거기서 정착해 산 거야. 이 흉노족과 몽골족 때문에 아직도 유럽에서는 노란색을 무서워한다잖아.

중국도 흉노를 무서워하기는 마찬가지였어. 진나라 시황제는 흉노의 침입을 막고 멀리 쫓아내기 위해서 만리장성을 쌓았고, 한나라는 대대로 공주를 흉노의 임금에게 주어서 회유하기도 했어. 공주를 정말로 보냈냐고? 아니, 진짜 공주는 아까워서 못 보내고, 친척 중에 고르거나 아니면 백성 중에 예쁜 사람을 골라서 공주라고 속여 시집 보냈어.

흉노는 중국 북쪽의 광대한 초원에서 방목과 수렵을 하며 살았기 때문에 말타기, 활쏘기, 창던지기에 능했어. 또 말은 봄부터 여름에 걸쳐 풀을 배불리 먹기 때문에 가을에는 살이 찌고 기운이 넘치지. 겨울이 되면 흉노가 사는 지역은 매우 추워져. 흉노는 유목민이라 농사를 짓는 것도 아니어서 먹을 것이 풍부하지 않았어. 그래서 겨울을 대비해서 곡식이 익는 가을에 노략질하러 가는 거지.

흉노에 사신으로 갔다가 귀화해서 흉노의 대신이 된 중항열이란 한나라 사람이 있었어. 흉노에 억지로 보내진 것에 대해 단단히 화가 났던 사람이지. 한나라의 사신을 보고 중항열이 말했어. "한나라의 사신이여! 여러 말 필요 없다. 비단, 무명, 쌀 등이 우리가 원하는 수량에 맞고 질이 좋으면 봐주겠지만, 그렇지 않을 때는 곡식이 익는 가을을 기다렸다가 기마대로 농작물을 짓밟아 버릴 것이다." 이런 협박을 할 정도로 흉노는 막강했어. 그러니 중국이 벌벌 떨 수밖에. 한 번 흉노가 쳐들어오면 기껏 수확해 놓은 농작물을 뺏기는 것은 물론이고, 죽고 다치는 사람이 부지기수였거든.

두보의 할아버지 두심언이 북쪽 변방으로 출정하는 친구 소미도에게 시 한 편을 써 주었어.

구름 깨끗이 개니 불길한 별 떨어지고
가을 하늘 높으니 변방의 말은 살쪘다네(秋高塞馬肥)

바로 이 시의 '추고새마비秋高塞馬肥'가 '천고마비天高馬肥'로 변해서 오늘날까지 쓰이고 있는 거야. '천고마비한 계절이니 독서를 해라'가 아니고, '흉노의 침입에 방비하라'는 말이지.

■ 청동마패. 암행어사가 출두할 때 보여주는 거야. 마패에 그려진 말의 수만큼 말을 이용할 수 있었대.

김유신과 말

조금 다른 이야기지만, 삼국 통일의 주역 김유신 장군도 아끼는 말이 있었어. 젊어서 천관이라는 기생을 사랑해서 자주 찾아가 술을 먹고 나태해지곤 했지. 어머님으로부터 크게 꾸중을 듣고 다시는 천관에게 가지 않겠다고 스스로에게 맹세했어.

그런데 어느 날 술에 취해 졸면서 말을 타고 가는데, 말이 어느새 천관의 집 앞으로 간 거야. 말은 주인이 술을 먹으면 으레 갔던 곳이니, 이번에도 천관의 집으로 데리고 간 것이지. 천관이 반갑게 나와서 맞이하는 소리에 잠이 깬 김유신이 깜짝 놀랐지. 한편으론

▪ 악! 내 목! 자기도 오고 싶었으면서!

그립고 반가운 얼굴이라 기뻤고, 한편으론 어머니와의 약속을 깬 것이 부끄러웠어. 그래서 말에서 내린 뒤 칼을 빼서는 "주인의 마음을 모르는 놈이다" 하며 말의 목을 베어 죽이고는 천관의 눈물을 뒤로하고 집으로 돌아왔대.

 이 이야기는 말이 사람의 말을 알아듣는 것에 그치지 않고, 사람처럼 생각을 하고 약속을 지킬 줄 안다는 믿음이 전제되어 있는 거야. 그렇지 않으면 어떻게 말에게 책임을 물어 죽일 수 있겠어? 비록 말을 죽이기는 했지만, 말을 자기의 마음을 알아주는 훌륭한 동반자로 생각했던 거지. 그래서 우리 민족은 예로부터 말이 죽으면 따로 무덤을 만들어 주는 풍속이 있었어.

하늘의 심부름꾼

옛날 신라가 아직 나라를 이루기 전에는 경주 근처 여섯 개의 마을을 여섯 촌장이 다스리며 살았어. 그러다가 고허촌의 촌장 소벌공이 나정이라는 우물 옆에 있는 숲에서 눈부시도록 흰 말이 무릎을 꿇고 절을 하는 것을 보게 된 거야.

 이상하게 생각해서 달려가 보니, 말은 어디론가 사라지고 그 자리에 푸르스름하게 빛나는 큰 알이 하나 있었어. 소벌공이 알을 깨 보니, 그 안에 잘생기고 단정한 사내아이가 있는 거야. 그 아이를 중심으로 해와 달이 춤추며 축복하고 새와 짐승이 노래하며 지나

갔지. 범상치 않음을 느낀 소벌공이 집에 데리고 가서 기르다가 열세 살 되던 해에 여섯 마을을 연합해 다스리는 임금으로 모셨지.

아이가 태어난 알이 박 같다고 해서 성을 박朴이라 하고, 세상을 빛으로 다스린다는 뜻으로 이름을 혁거세라고 하였지. 이 혁거세 임금은 알영을 왕비로 맞아서 신라를 다스렸어. 알영은 우물에서 용이 자신의 옆구리를 째고 낳은 여자아이인데, 우물이름을 따서 알영이라고 했대. 신라사람들은 두 사람을 성인으로 생각했고, 그들이 죽은 뒤에는 신으로 알고 모셨지.

우리나라 사람들은 말이 승천한다, 말이 날아다닌다고 하여, 말에 날개를 붙여서 천마天馬라고 하였어. 그리고는 하느님과 사람을 연결해 주는 심부름꾼으로 여기고 신성시했지. 신라 고분의 하나인 천마총의 벽에도 천마가 그려져 있는 것이 그 증거야.

▌경주 천마총에서 출토된 천마도.

힘세고 신성한 동물

이밖에도 조선을 건국한 이성계가 화살보다 빨리 달린 말을 실수로 죽인 이야기도 있고, 장수가 태어날 때는 말을 같이 태어나게 한다고 해서 말이 빠르고 힘센 동물임을 높이 샀어. 말의 기상이 씩씩하고 힘이 센 동물이기 때문에, 결혼할 때 신랑이 말을 타고 장가를 가는 풍속이 있었지. 또 너무 잘난 말은 용마라고 해서, 용하고 말을 합성시켜서 생각을 했어.

말 중에서도 백마는 그 색깔이 순수함을 상징해서인지, 맹세를 할 때 희생으로 쓰고 그 피를 서로 마시면서 맹세를 지킬 것을 약속했지. 그러고 보면 말을 무척 신성한 동물로도 생각했던 거야.

당나라의 소정방이 백제를 수호하는 용을 잡기 위해, 금강에서 백마를 미끼로 쓴 이야기는 유명해. 용이 말, 특히 백마를 좋아해서 쉽게 걸려들었다는 거야. 그러고 보면 말과 용은 무척 가까운 동물인가 봐. 『서유기』에도 용왕의 아들이 잘못을 저지르자, 말로 변신하게 해서 삼장법사를 태우고 서역으로 가잖아.

말과 성수

새해 들어 첫 오일(午日)은 '말의 날'이라 하여 말에게 일을 시키지 않고 좋은 음식으로 대접하였대. 그러니까 12지지의 동물들은 모두 생일을 차려주었던 것이지.

성일마

말은 오래 전부터 사람과 친하게 지냈어. 그래서인지 사람의 마음을 잘 알고, 굳이 말을 하지 않아도 알아서 도와주게 되었지. 힘세고 건장하며, 충성스럽고 빠른 속도로 질주하는 말은 하늘의 심부름꾼으로 손색이 없고, 또 그 피가 신성하다고 해서 예로부터 맹약을 할 때 제물이 되곤 했어.

바로 그런 점이 임금을 가까운 거리에서 돕고 보필하는 황후나 여자관리, 그리고 바른 말로 임금을 일깨우는 어진 선비, 도둑이나 병란을 막는 군인 등의 역할을 하는 성수의 신장으로 선택된 거지.

■ 신라시대에 만들어진 기마인물상이야. 국보 91호인데 본 적 있지? 주전자로 사용된 것이지. 꼬리는 손잡이고, 말 가슴에 뾰족하게 나온 창처럼 생긴 것에서 물이 나오는 거야. 이런 주전자를 사용한 것을 보면 말이 꽤나 보편적으로 이용되었던 것 같아.

반짝반짝 정보마당

사자성어 & 속담

▌주마간산(走馬看山) - 말을 타고 달리면서 산을 바라본다. 바빠서 자세히 살펴보지 않고 대강 보고 지나감을 이름.

▌사마난추(駟馬難追) - 사마로도 추격하기 어려움. 네 마리 말이 끄는 수레로 엄청나게 빠른 데도, 사람의 입에서 나온 말을 추격하기 어렵다는 뜻. 즉 발 없는 말이 천 리 간다는 의미로 입조심을 하라는 뜻.

▌노마지지(老馬之智) - 늙은 말의 지혜라는 뜻. 늙었다 하더라도 연륜이란 것이 있으며, 아무리 하찮은 것도 장기나 장점은 가지고 있음을 뜻함.

▌주마가편(走馬加鞭) - 달리는 말에 채찍질한다. 이미 잘하거나 잘되어 가는 일을 더욱 잘하거나 잘되도록 부추기거나 몰아침을 비유한 말.

▌말 살에 쇠 뼈다귀 - 쌍방에 아무 관련성이 없는, 얼토당토않음을 뜻함.

▌말꼬리의 파리가 천 리 간다 - 말꼬리에 붙어 있던 파리가 말이 달릴 때 덩달아 멀리 간다는 뜻으로, 남의 세력에 의지해 기운을 편다는 말.

▌Never swap horses while crossing the stream. (냇물을 건너가는 동안에 말을 갈아타지 말라) - 위기에 처해 있을 때 지도자를 바꿔서는 안 된다는 뜻.

▌The blind horse is hardiest. (앞 못 보는 말이 가장 대담하다) - 무식하게 아는 게 없는 사람이 용감하다는 뜻.

참고도서 & 사이트

▌도란도란 들려주는 말이야기 김정희,김병선,김병은 외 글 | 플러스81스튜디오
말에는 쓸개가 있다? 없다?, 교통카드의 원조인 마패, 조선시대 마취업자들의 선호선물이었던 말 그림과 같이 역사, 생활, 설화 속의 재미있는 말 이야기들을 모은 책입니다.

❺ 張月鹿
베풀 장 달 월 사슴 록

상징	주작의 몸통, 모이주머니
크기	2m
운행 방위	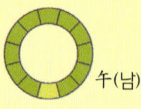 주(남)
영토	18°
보이는 때	2/20~3/23
해당지역	경기도 남부, 충청북도 북부
부하별수	1(14)
힘의세기	★★★

의미 ▎종묘와 정치를 의논하는 곳, 대대로 전해오는 보물, 상으로 주는 음식. 밝으면 질서가 잡히고, 어둡거나 움직이면 상하 질서가 무너져 하극상 등 혼란이 있게 된다.

장월록

장월록은 남방주작칠수 중에 장수의 수호신장이야. '장'은 남방주작칠수 중에 다섯 번째 별자리인 장수라는 뜻이지. 조상의 사당이나 명당(국무회의실)을 돌보는 사람에 해당해. 혹은 사슴이 비밀스러운 것을 알듯이 대대로 내려오는 남모르는 보물이나 귀한 음식을 뜻하기도 하는 별이야.

'월'은 칠정 중에 달의 정기를 받았다는 뜻이고, '록'은 사슴으로 대표된다는 뜻이지. 사슴으로 대표된다는 뜻은, 형상과 성격이 사슴의 기질을 타고났다는 거야. 한편으론 사슴이 수련을 오랫동안 해서 사람이 되었다는 뜻도 되는 거고.

장월록은 사슴의 머리에 사람의 몸을 하였는데, 키가 2m이고, 얼굴은 붉은색이 감도는 흰색이야. 화려한 무늬를 수놓은 면으로 된 전포를 입었고, 머리에는 붉고 누런색의 넓은 띠를 맸으며, 무기로는 반월도를 잡고 있어.

장수

장수는 종묘와 명당을 돌본다고 했지. 장수는

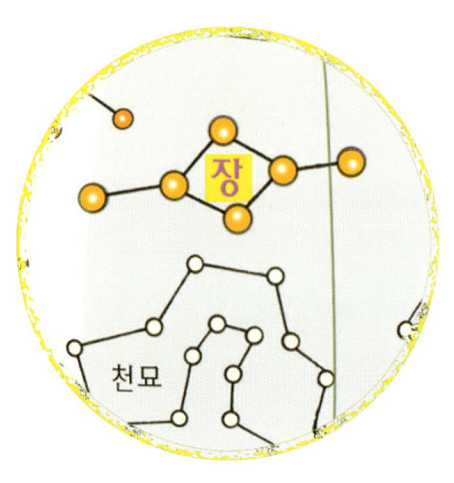

■ 장수와 주변별들

안 보이는 것을 관장해. 종묘에 모신 선조들의 얼과 혼백을 잘 지키는 거지. 그 종묘의 기운이 트이면 자손들이 조상의 은택을 입게 된다고 해. '월령공주'라는 애니메이션에도 사슴이 숲의 신으로 등장하지. 아마도 동물 중에 신과 소통할 수 있는 건 사슴이었나 봐.

장수는 조상처럼 존경하며 받들어야 된다고 해서 존숭성尊崇星이라 부르고, 여섯 개의 별로 이루어져 있어.

장수의 부하별자리와 다스리는 영토

장수는 하늘나라에서 18°의 영역을 맡아 다스리는 별자리야. 28수의 평균치인 13°보다는 훨씬 넓은 영역이지. 그런데 부하별자리는 **묘당**(**천묘**天廟:'하늘 천'에 '사당 묘', 사당을 관리하는 별이라는 뜻) 하나밖에 없어. 주 역할이 종묘를 관리하고 또 제사 지내는데 쓰이는 보물이나 음식을 관리하는 것이니까, 부하가 많을 필요는 없다고 생각한 거야.

묘당이라는 부하별자리는 열네 개나 되는 별로 구성되어 있어. 조상을 돌보는 일이 이것저것 손 갈 데가 많다는 뜻이지. 제사에는 정성이 제일이야.

장수 위로 부하가 될 만한 별자리가 많은데, 왜 **묘당**만 부하로 쓰냐고? 그 위의 별자리는 태미원 소속이야. 하늘에는 삼원(**자미원**, **태미원**, **천시원**)이 있는데, 28수보다는 이 삼원이 우선권이 있는 거

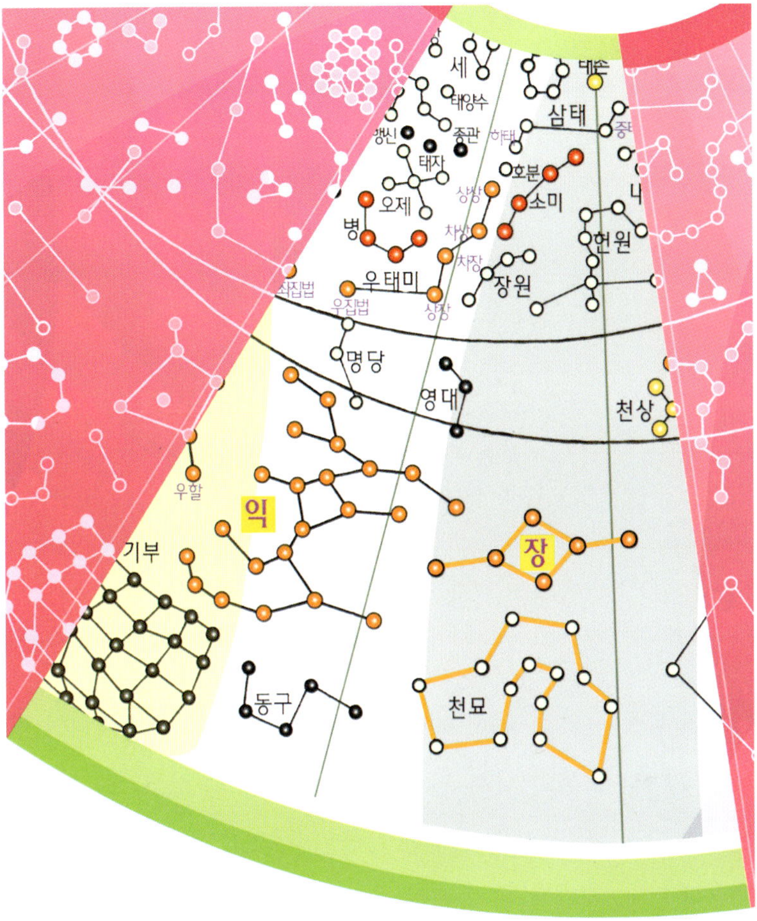

지. 그래서 태미원 밑에 있는 장수·익수·진수나, 천시원 밑에 있는 방수·심수·미수·기수·두수 같은 28수는 부하별자리가 의외로 적은 거야.

　황도궁으로는 사자궁에 속하고, 경기도의 남부와 충청북도의 북

부에 해당해. 그러니까 장수가 또렷하거나 빛이 잘 나면 이 지역이 그만큼 잘살게 되는 것이고, 빛이 흐려지거나 제대로 모습을 안 갖추고 있으면 이 지역이 좋지 않게 된다고 하지.

■ 장수에 해당하는 지역 : 진천, 음성, 괴산, 충주, 제천, 단양, 광주, 용인, 안성.

사슴

사슴의 몸통은 말과 같고 꼬리는 양 또는 소를 닮았어. 머리의 양 옆에 높다랗게 뿔이 나서 공격하거나 방어할 때 쓰고, 또 상당히 빠르게 달려. 잘 놀라는 유순한 동물인데, 먹을 것이 있으면 서로 나누어 먹고, 무리 지어 움직여. 수컷은 한 번에 여러 마리의 암컷과 함께 살아. 일부다처제라는 거지.

쉴 때는 여러 마리가 새끼들을 둥글게 둘러싸고 그 뿔을 밖으로 하여 적을 방비하며, 누울 때는 입을 꼬리에 댐으로써 독맥督脈을 통하게 하여 기운을 모으지.

노루하고는 달리 해 뜨면 활동하고 해 지면 숨는 동물로, 잔잔한 바람과 따뜻한 햇볕을 좋아하지. 또 좋은 풀을 잘 구별하지만 칡잎, 감초 등 아홉 가지 풀 이외에는 먹지 않는대.

　특히 중국의 운남산에는 머리가 둘인 신비한 사슴이 사는데 독초를 잘 구별한다고 해. 사슴이 좋은 풀만 먹고, 독맥을 잘 다스리기 때문에 신장이 발달했어. 그래서 사람들이 사슴피나 녹용을 보신용으로 먹는지도 모르지.

사슴의 독맥수련

사슴은 신선이 키우는 짐승인데, 신선의 가르침대로 독맥을 잘 수련하여 60년이 지나면 뿔 아래에 구슬을 머금게 된대. 구슬이 생기면 뿔에 자색의 반점이 생기는데 신통력을 가졌다는 표시야. 그래서 "사슴이 구슬을 머금으면 뿔에 자색의 반점이 생기고, 잉어가 구슬을 머금으면 비늘이 자색이 된다"는 말이 있는 거야.

　그런데 구슬을 잘 보관하지 않으면 간혹 걸어갈 때 입을 통해 침에 섞여 나오게 돼. 그러면 신통력을 잃게 되지. 이 말은 "건강은 건강할 때 지켜라"는 말이야. 또 아무리 소중한 보물을 갖고 있어도 자신이 지킬 줄 모르면 잃게 된다는 평범한 진리도 담고 있어.

● 독맥이 뭐냐고? 동물에게 가장 중심이 되는 기운 길이지. 항문부터 머리까지 세로로 흐르는 길이야. 치훈이도 배꼽 아래를 보면 고추까지 거무스름한 줄이 있을 거야. 그 길이 바로 독맥 중의 일부야. 여자나 남자나 이 길이 잘 트여야 건강한 삶을 유지할 수 있단다.

장월록

■ 쌍록도. 두 마리 사슴이 가운데 불로초를 두고 서로 양보하는 모습으로 불로장생을 기원하는 그림이야.

신장의 신 사슴

사슴이 독초를 잘 구별하고 해독을 잘하며, 독맥을 잘 다스린 덕분에 정력이 뛰어나게 되었지. 그래서 신장의 신을 사슴이라고 여겨왔어. 신장의 신은 운남산의 사슴과 같이 머리가 둘이야. 하고 싶은 일이 많아서 생각주머니를 둘씩 갖고 있냐고? 그것보다는 신장이 둘인 것을 상징하는 거야.

신장이 무슨 일을 하냐고? 신장은 오장 중에서 제일 아래에 있는 장부야. 사슴처럼 깊숙이 숨어서 비밀스런 일을 하지. 예를 들면 사람의 몸에서 뼈를 만드는 일도 신장이 해. 뼈는 눈에는 띄지 않지만 아주 중요하지. 너희들도 살 속에 뼈가 있기 때문에 제대로 형체를 갖추고 행세할 수 있는 거야.

뼈 중에 제일 늦게 만들어지는 뼈가 이야. 아이가 태어나서 여섯 달이 지나야 이가 나기 시작하잖아. 또 몸이 약해지거나 나이 들면 이부터 흔들리고 빠지지. 다른 뼈가 없으면 몸 자체를 지탱하기 어려우니까, 그래도 상대적으로 덜 중요하다고 생각하는 이를 희생하는 거지. 너희들이 이를 잘 닦는 것도 신장의 일을 돕는 거야.

■ 몸 하나에 머리가 둘인 신장의 신

『초학기』에 우사(바람을 부르고 비를 내리게 하는 신)의 이름을 병예 洴翳라 하는데, 이 병예의 생김새가 사슴이야. 머리가 둘이고 몸은 하나며 다리는 여덟이라고 하니까, 얼핏 보면 두 마리의 사슴이 나란히 있는 모습이지. 다른 관점에서 보면 독맥을 잘 다스리면 두 배의 힘이 생긴다는 뜻도 되는 거야.

비밀을 알고 지키는 동물

사슴은 신선의 심부름꾼이라고 해. 그래서 나무꾼과 선녀 등의 전래동화에서도 사슴이 산 깊숙한 곳을 뛰어다녀서 산속에서 일어나는 일을 아주 잘 알고, 은혜를 갚을 줄 알며, 선녀의 마음을 잘 꿰뚫어 살피는 사려 깊은 동물로 표현되었지. 어떤 것이 선녀의 마음을 잘 아는 거냐고? 선녀의 마음이라기보다 여자의 마음이라는 것이 더 정확하겠지. 한 네 가지로 요약할 수 있어.

첫째, 평소에는 수줍어하며 소극적이지만, 아무도 없을 때는 보름달이 떠서 환하게 비추는 데도 "뭐가 부끄러워?" 하면서 옷을 벗고 목욕을 하는 등 과감하게 행동한다는 것.

둘째, 옷이 없으면 부끄러워서 하늘나라로 올라가지도 못한다는 것. 날개옷이 없어도 여러 명이 한 명쯤 못 데리고 올라가겠어? 언니들이 데리고 올라가면 그만인데, 여태껏 신나게 잘 놀다가 갑자기 "옷이 없는데" 하면서 물속에서 나오지도 못하잖아? 사실 이 문제는 부끄러움도 부끄러움이지만 여자들의 의리에도 문제가 있어. 같이 옷을 찾을 생각은 안 하고, 어떻게 막내만 남겨두고 자기들만 올라가냔 말이야? 더구나 다시 데리러 오지도 않고.

셋째, 항상 과거 화려했던 삶을 동경하는 것. 나무꾼의 아내로 아이를 둘씩 낳았으면서도 항상 현실을 멀리하고 하늘나라를 동경하는 거야. 결국 나무꾼을 떠나 하늘나라로 가버리잖아.

넷째, 아이 셋을 낳아야 그 희망을 포기하고 비로소 현실에 안주하게 된다는 것. 사슴이 말하잖아. 아이 셋을 낳을 때까지는 절대로 날개옷의 비밀을 말하지 말라고. 그런데 여자의 꾀임에 쉽게 넘

■ 나무꾼 아저씨! 저~기 가면 아름다운 선녀가 많아요. 날개옷이 없으면 꼼짝 못한답니다.

어가는 것은 또 똑똑하다는 남자야. 선녀가 "한 번만 입어봤으면…" 하고 슬픈 표정을 하니까, 바로 넘어가잖아. "그럼 한 번만이다" 하면서 말이야.

이런 모든 과정을 사슴은 다 알았던 거야.

지록위마

중국 형주와 초나라의 사슴은 말하고 비슷하게 생겨서 뿔을 갈 때면 사슴인지 말인지 잘 구별이 안 간다고 해. 그래서 이 사슴을 '말사슴(馬鹿)'이라고 불렀대.

진나라 시황제가 천하를 통일하고 죽은 뒤, 그의 아들 호해황제가 천하를 다스릴 때 이야기야. 그때 조고라는 간신이 승상이 되어 임금을 자기 말만 듣는 허수아비로 만들었지.

한 번은 자신의 권력을 시험해 보고자 만조백관이 모인 곳에서 사슴을 가리키며 말이라고 하였어. 호해 황제가 조금 애매한 웃음을 지으며 "승상은 어찌 사슴을 보고 말이라고 하는 것이오?" 하니, 조고가 한사코 우기며 말이라고 하였지.

그리고는 다른 신하들을 향해서 "이게 말인가? 아니면 사슴인가?" 하고 물었어. 조고의 권세를 두려워한 신하들은 '말'이라고 하고, 충직한 신하들은 '사슴'이라고 하였지. 그러나 조고를 두려워해서 대부분의 신하들이 말이라고 하였으므로, 그 자리에서 호해 황제는 얼빠진 바보가 되었어.

그 뒤 조고가 사슴이라고 바른 말을 한 신하들을 암암리에 다 죽이고 세상을 제 마음대로 다스렸는데, 아마도 이때 내세운 사슴이 초나라 지방의 사슴이었을 거야. 이때 이야기가 "지록위마指鹿爲馬(사슴을 가리키며 말이라고 함)"라는 사자성어가 되었지.

결국 조고는 황제를 바보로 만들고 정치를 마음대로 하다가 진나라를 망하게 했지. 그 후 임금자리를 탐낸 많은 사람들이 반란을 일으켰어. 이때 임금자리를 서로 얻으려고 싸우는 전쟁을 '쫓을 축逐, 사슴 록鹿, 싸울 전戰'이라고 해서 축록전이라고 했지. 사슴을 쫓는 싸움이라는 뜻이야. 사슴의 뿔이 높잖아. 머리 위에 더 높이 얹어놓은 뿔이 바로 임금의 상징인 거야. 왜, 신라시대 왕관도 사슴뿔 형상으로 되어 있잖아? 더구나 조고가 사슴을 말이라고 해서 황제보다 더 권위가 높아졌으니, 황제보다 더 높은 권세를 은연중 표시한 거야.

주몽과 사슴

주몽이 비류국의 송양왕을 쳐서 국토를 넓히려고 할 때의 일이야. 전쟁을 하기 전에 사냥을 해서 하느님께 희생을 바쳐야겠다고 생각한 주몽이 서쪽으로 사냥을 갔어. 그런데 흰 사슴이 풀을 뜯으며 놀고 있는 거야. '흰 사슴은 영물이고, 하느님의 심부름꾼이라고 하는데 내가 저 사슴을 산 채로 잡아서 제물로 바쳐야겠다.'고 생각한 주몽이 올가미를 던져서 사슴을 사로잡았지. 그리고는 사슴에게 말했어. "내가 비류국을 쳐야 하니, 네가 나를 위해 하느님께 도움을 청하거라."

사슴이 묵묵부답으로 하늘만 쳐다보고 있자, 주몽이 사슴을 거꾸로 매달고, "하늘에서 큰 비가 쏟아져 비류국의 도성을 모조리 잠기게 하지 않으면 결코 너를 놓아주지 않으리라. 살고 싶거든 네가 하늘에 아뢰거라."라고 하였지. 사슴이 어찌나 슬프게 울었는지 그 소리가 하늘까지 울려서 비가 이레 동안 쏟아지는 바람에 비류국의 도성이 모조리 물에 잠겨버렸어. 송양왕이 흐르는 물을 피해 동아줄을 묶고는 그 줄을 잡고 성 밖으로 나왔는데, 비류국 백성들도 모두 그 줄을 잡고 매달렸어. 그때 주몽이 구슬채찍으로 물을 가리키니 성 안에 가득 찼던 물이 순식간에 빠졌지. 이를 본 송양왕이 하늘이 돕는 사람이라고 생각하고는, 나라를 바치고 항복했어.

주몽왕이 마흔 살이 되던 해에 항상 가지고 다니던 구슬채찍을 놓아둔 채 하늘로 올라갔다고 해. 졸지에 아버지를 잃은 유리 태자가 주몽왕 대신에 그 구슬채찍을 용산에 묻고 제사 지냈다고 하지.

사슴과 장수

사슴은 비밀스런 동물이야. 하늘과도 통해서 하늘나라의 일도 잘 알고, 뿐만 아니라 다른 동물이 모르는 비밀도 잘 알지. 이렇게 남의 비밀을 잘 알면서도 자신은 남의 눈에 잘 안 띄는 것이 사람 몸에서는 신장과 같다고 했어. 신장은 사람 몸의 귀와 통해. 그래서 신장이 건강한 사람은 잘 들을 수 있어. 다른 사람들의 말을 잘 알아들으면 총명하게 되지. 사슴은 신장이 튼튼해서 피가 맑고, 일부다처를 할 정도로 욕심도 많고 건강도 좋아. 또 은혜를 입으면 반드시 보은하는 동물이기도 하지.

바로 이런 면이 조상을 모시는 종묘, 진귀한 보물이나 옷가지, 좋은 음식을 주어서 건강하게 하는 주방을 상징하는 장수와 어울리는 거야. 보물이나 옷가지로 정성을 다해 조상을 잘 모시면 후손이 그 복을 받는 거지. 또 맛있는 음식을 차려 먹게 하면 모두 건강해지니까, 먹는 사람들에게 은혜를 베풀게 되는 거야. 다만 인과관계가 명확하지 않아서 평소에 잘 모를 뿐이지. 너희들도 인스턴트

식품을 많이 먹으면 아토피 같은 피부병에 감기, 변비가 생기고, 좋은 음식을 먹으면 건강해져서 하고 싶은 일을 마음대로 할 수 있게 되는 거야. 또 조상님들이나 웃어른을 잘 모시면 칭찬도 받고 용돈도 늘어나고 좋은 일이 많이 생기기 마련이거든.

■ 사슴은 머리의 뿔이 높아서 높은 지위와 많은 재산을 뜻해. 신라시대 왕관도 사슴뿔 형태로 되어 있잖아.

반짝반짝 정보마당

사자성어 & 속담

- 달아나는 사슴을 보다가 얻은 토끼 잃는다 – 뭔가를 공짜로 얻으려면 뭔가 포기하거나 내놓아야 할 부분이 있다는 의미.
- 사슴에게서 뿔 베어간 격 – 상대에게 가장 중요한 것을 빼앗아감.
- 사슴가죽에 가로왈 – 사슴가죽에 쓴 가로왈(曰)은 가죽을 잡아당기는 대로 일(日) 자도 되고 왈(曰) 자도 된다는 말. 뚜렷한 자기 주관 없이 남의 말을 따라 이랬다저랬다 함을 뜻함.

교과관련

- 초등학교 3학년 2학기 읽기 〈사슴과 사냥개〉
  중학교 2학년 역사(상) 〈남북국시대(신라편)〉
  : 신라의 금관은 사슴뿔 모양처럼 생겼습니다. 본문을 보면 신라 사람들이 사슴뿔 모양으로 왕관을 만들었는지 사슴에 대해서 어떻게 생각하고 있었는지를 알 수 있을 거예요.

참고도서 & 사이트

- 유물속에 살아있는 동물이야기 2 박영수 글 | 영교출판
  신라 금관에 사슴뿔을 꾸며 넣은 이유가 무엇인지, 왜 십장생도에 사슴을 두드러지게 그리는지와 같이 사슴과 관련된 유물에 얽힌 이야기들을 읽어볼 수 있습니다.

사방의 두 동물
익화사 진수인

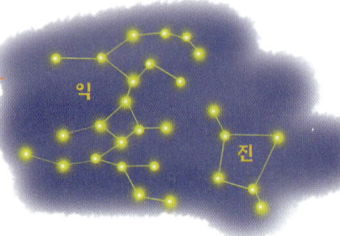

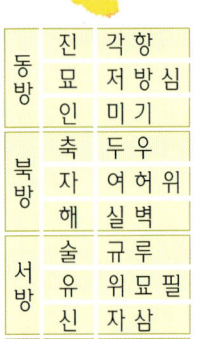

동방	진	각 항
	묘	저 방 심
	인	미 기
북방	축	두 우
	자	여 허 위
	해	실 벽
서방	술	규 루
	유	위 묘 필
	신	자 삼
남방	미	정 귀
	오	류 성 장
	사	익 진

사방에는 익수와 진수가 있는데, 익수에는 뱀을 배당하고 진수에는 지렁이를 배당했지.

  뱀이나 지렁이는 발도 없이 기어가고, 길쭉하게 생긴 것이 크기는 달라도 상당히 흡사해. 다만 뱀은 무언가를 잡아먹어야 하기 때문에 이빨도 있고 눈도 있고 독샘도 있지만, 지렁이는 흙과 섞여있는 동식물의 사체 부스러기를 먹으니, 동작이 빠를 필요도 없고 잘 볼 필요도 없어. 겉보기는 비슷해도 하는 일이 다른 거지.

  하루 중 사시(오전 9시~11시)는 가장 활동하기 좋은 따뜻한 시간이고, 1년 중 사월(양력 5월)은 만물이 화창하게 피어나는 계절의 여왕이지. 사월의 '巳(사)' 자도 뱀이 한창 양기를 받아 기운이 꽉 찬 상태를 같잖아. 글자를 잘 봐. 위에 'ㅁ'은 뱀머리에 양기가 가득

해서 통통하고 또 독을 잔뜩 머금고 있는 모습이지. 그 아래는 꼬리를 힘차게 들어 올렸고. 갑골문에서는 '아들 자子'와 혼용해서 썼어. 아들이 아버지를 이어서 제사를 지낸다는 뜻이지.

5월이 되면 지렁이가 눈에 자주 띄는데, 지렁이가 번성해야 땅이 비옥하게 되고 만물이 잘 자라게 되는 거야. 또 뱀은 변온동물이라서 추워지면 꼼짝을 못해. 그래서 따뜻한 기운을 욕심껏 받아들이는 거야.

특히 1~6월 사이에 난 사람은 뱀의 성격이, 7~12월에 난 사람은 지렁이의 성격이 많아.

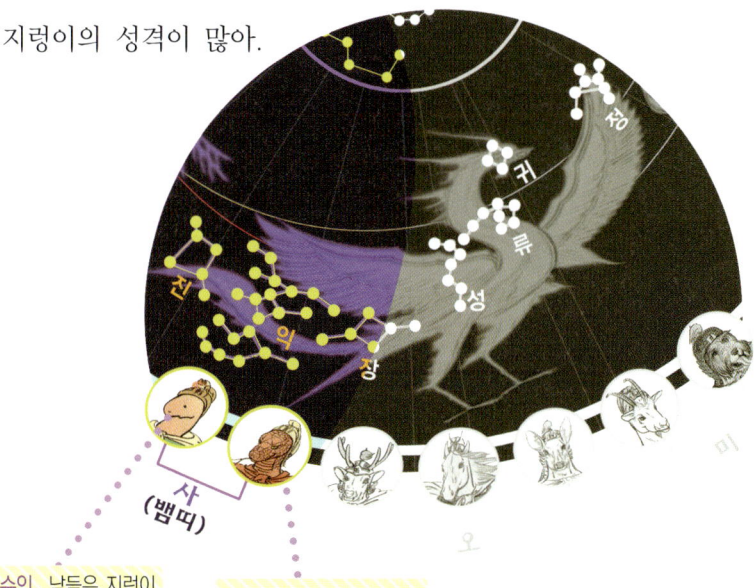

난 진수인. 남들은 지렁이가 무슨 신장이 되냐고 하겠지만, 나도 나름의 역할이 있다고.

난 익화사. 가장 많은 별을 가지고 있지. 몇 개냐고? 스물두 개.

❻ 翼 火 蛇
날개 익 불 화 뱀 사

상징	주작의 뒷날개
크기	3m 10cm
운행 방위	已 (남남동)

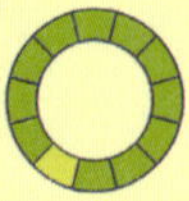

영토	18°
보이는 때	3/9~4/9
해당지역	전라남도 서부, 제주도
부하별수	1(5)
힘의세기	★★★★★

의미 삼공, 문서, 광대와 가수, 사신.
밝고 커지면 음악이 성행해서 사회가 밝게 되고 외국과의 사이도 좋아지나, 어두우면 반대로 된다.

익화사

익화사는 남방주작칠수 중에 익수를 수호하는 신장이야. '익'은 남방주작칠수 중에 여섯 번째 별자리인 익수라는 뜻이지. 물론 '화'는 칠정 중에 화성의 기운을 받았다는 뜻이고, '사'는 뱀으로 대표된다는 뜻이야.

익수는 음악과 예절을 관장하고 외교를 맡아. 문화부장관 또는 외무부장관 정도 된다고 할까. 익수가 밝고 뚜렷하면 다른 나라와 우호적인 관계가 되고, 문화가 융성하게 되지.

익화사는 뱀의 머리에 사람의 몸을 하였는데, 키가 3m가 넘는다는 말이 있어. 얼굴은 붉은색이고, 푸른색 전투복을 입었지. 머리에는 버들가지처럼 척척 늘어진 누런색 띠를 둘렀고, 흰색 가죽으로 된 신을 신었으며, 손에는 긴 창칼을 잡고 있는데, 낼름거리는 두 갈래 혀가 아주 인상적이지.

익수

익수는 스물두 개의 별로 28수 중 가장 많은 별로 이루어져 있지. 그래서인지 하는 일도 다양해. 문서, 음악, 미술, 예절 그리고

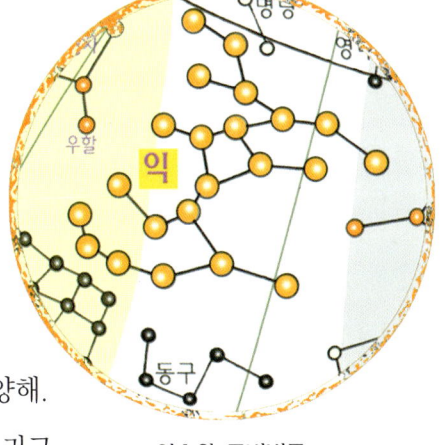
■ 익수와 주변별들

외교를 담당해. 하지만 그 일들이 결코 나누어진 것은 아니야. 음악과 예절은 다른 나라 사람과 만날 때 중요한 연결 고리가 되는 것이고, 또 외교에 문서는 빠질 수 없잖아. 예를 들어 협정을 맺을 때도 문서로 꼼꼼히 내용을 기록해야 하니까 말이야. 익수에 별이 많은 건 이렇게 여러 가지 일을 하기 때문이야.

익수를 광대나 음악처럼 기이한 재주가 있다고 해서 팔기성八奇星로이라 부르는데, 스물두 개의 별이 뱀이 똬리 틀듯이 엉켜 있어.

익수의 부하별자리와 다스리는 영토

익수는 장수와 마찬가지로 하늘나라에서 18°라는 좀 넓은 영역을 맡고 있어. 그런데 부하별자리는 장수와 마찬가지로 하나밖에 없어. 역시 태미원에게 부하별자리를 양보(?)했기 때문이지.

익수 밑에 보이는 **월남**(**동구**東甌)이라는 별자리는 남방과 동방의 변방민족, 그 중에서도 중국 남쪽의 월남(베트남)을 주관하는 별자리야. 익수가 광대와 가수 등 예술적인 면을 부각시켜서 주변국에 문화외교를 하는 별이니까, 그 교량 역할을 **월남**이 하는 거지.

황도궁 중에는 쌍녀궁에 속하고, 전라남도의 서부지역과 제주도에 해당해. 그러니까 익수가 또렷하거나 빛이 잘 나면 이 지방이 그만큼 잘살게 되는 것이고, 빛이 흐려지거나 제대로 모습을 안 갖추고 있으면 해당지역이 좋지 않게 된다고 하지.

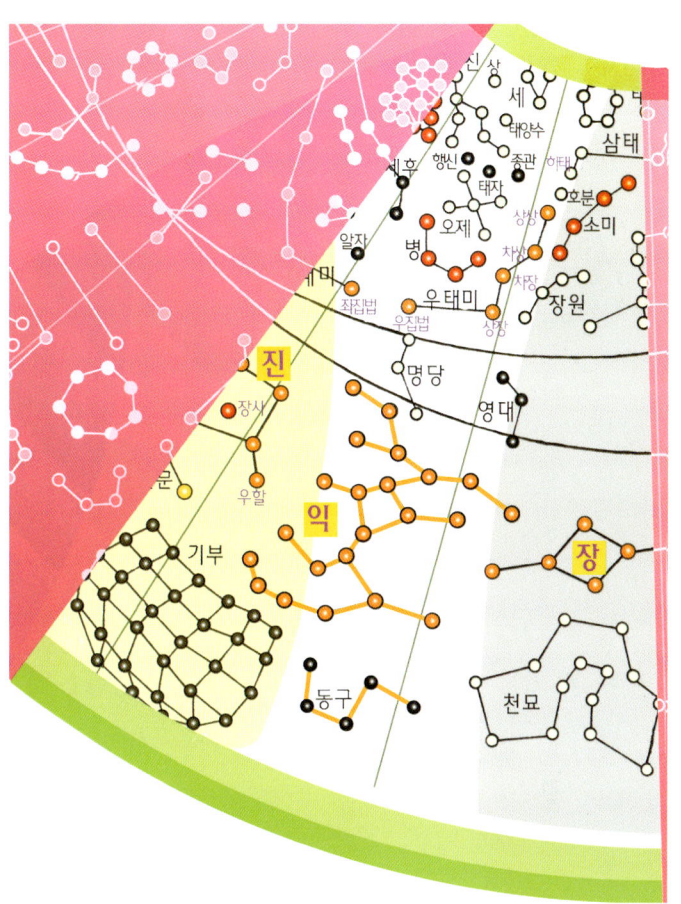

■ 익수에 해당하는 지역 : 함평, 무안, 목포, 영암, 강진, 해남, 진도, 영광, 고창, 제주도.

익화사

뱀

■ 나 무섭지! 나 뱀이라고 해!

뱀은 극지대 등 몇몇을 제외하곤 전세계에 골고루 퍼져 있는 생명력이 강한 동물이야. 땅 구멍 속에 숨어 지내고, 마음 씀씀이가 독할 때가 많아. 확인은 못해봤지만 맹렬한 바람과 폭우를 즐긴다고도 해.

옛 사람들은 뱀이 오래 묵어서 정기를 쌓으면 구름을 일으키고 안개를 부른다고 했어. 또 소는 코로 소리를 듣지만 뱀은 눈으로 소리를 듣는다, 뱀은 귀 멀고 호랑이는 코가 막혔다고 하고, 또 용은 여의주가 있고, 뱀은 뱀대로 여의주와 흡사한 구슬이 있어서 용과 뱀이 구름을 토해낼 수 있다고도 해. 뱀을 무척 신비한 동물로 봤나봐.

그런데 익화사는 사실 일반 뱀이 아닌 구렁이를 말해. 지방에 따라서는 구렝이, 먹구렁이, 흑질, 백질, 황치, 황새넙치, 백장 등으로 부르고, 만주나 중국의 북부 그리고 시베리아 등에 분포해.

우리나라에는 농가의 퇴비 속에서 알을 낳고 퇴비의 발효열로 부화하기 때문에, 인간이 사는 집이나 그 근처에서 눈에 잘 띄지. 성질이 온순하고 동작이 느리지만, 길이가 2~3미터가 될 정도로 크고 힘도 세.

일반 뱀보다 훨씬 크기 때문에 업신業神(광이나 곳간과 같이 재물을 보관하는 곳의 수호신)이라고 해서 신성시하며 집에 사는 것을 이상하게 생각하지 않았어. 업신은 믿는 사람 눈에만 띄는데, 아마도 구렁이같이 큰 동물이 집 안에 살면서 눈에 띄지 않아 더욱 신비로웠을 거야.

평소에는 나타나지 않던 구렁이가 집 주변에서 모습을 보이면 큰 비가 오거나, 감당하지 못할 큰 재앙이 온다고 해. 또 집안이 망할 때가 되면 업신이 먼저 알고 다른 곳으로 옮겨간다고 해서, 구렁이가 눈에 띄는 것을 좋게 여기지 않았지.

구렁이와 지네의 승천시합

옛날 어떤 사람이 아내와 자식을 거느리고 남부럽지 않게 살았었는데, 어느 해부터 홍수와 가뭄이 심해 먹을 것이 없어 고생을 하게 되었어. 명절이 다가오자 명절 지낼 대책을 하려고 돈을 벌러 다녔지만, 돈은 하나도 못 벌고 오히려 병만 들었지. 비관한 끝에 나무에 밧줄을 매어 자살하려고 했어.

그때 한 여인이 나타나서 어차피 죽을 결심이면 가족을 떠나 자신과 같이 살자고 했지. 그 여인과 함께 살게 되었는데, 그 여인은 남편을 여읜 과부로 재물이 많았어. 여인과 3개월을 살던 남자는

문득 고향에 두고 온 식구들이 걱정되었어. 고민 끝에 아버지 제삿날도 다가오니 고향에 다녀오겠다고 했지.

허락을 안 할 줄 알았던 여인이 제수(제사음식)까지 장만해주며 다녀오라고 하는 거야. 급한 마음에 한달음으로 달려갔더니, 큰 기와집에서 아내가 한복을 곱게 차려입고 맞이하는 거야. 깜짝 놀라서 어찌된 일이냐고 물어 보았더니, "당신이 보내준 돈으로 논밭도 사고, 시키는 대로 하였더니 부자가 되었어요." 하는 게 아니겠어?

남자는 새로 얻은 아내가 한 일이라 짐작하고, 아버지 제사를 마친 뒤 다시 여인에게로 돌아가기로 하였어. 그런데 그날 밤 꿈에 돌아가신 아버지가 나타나 "그 여인은 천 년 묵은 구렁이다. 아침에 밥을 먹는 척 하며 구렁이의 얼굴을 향해 침을 세 번 뱉으면 구렁이를 죽일 수 있으니, 구렁이에게 해를 입지 말고 꼭 그렇게 하라."고 하시는 거야.

여인에게 돌아온 남자는 뜬눈으로 밤을 새우며 고민을 했지. 다음날 아침 아침밥을 먹을 때 입에 가득 고인 침을 차마 여인에게 못 뱉고 방문 밖으로 뱉었어. 비록 구렁이라 해도 내 목숨을 구해주고 고향의 가족도 편히 살 수 있게 해주었잖아. 참으로 고마운 구렁인데, 구렁이에게 죽임을 당할지언정 죽일 수 없다고 생각한 거야.

그런데 알고 보니, 꿈에 나타난 아버지는 옥황상제의 명을 어기고 구렁이와 함께 지상으로 쫓겨났던 천 년 묵은 지네였어. 지네가 구렁이를 해치고 자기가 먼저 승천하려고 계략을 꾸민 것이지. 결국 구렁이는 자신을 믿어준 그 남자 덕분에 무사히 하늘로 승천하고, 그 남자는 가족과 함께 잘살았다고 해.

어때, 우리나라 업신(업구렁이)의 역할과 같지? 구렁이는 곡식을 훔쳐 먹는 쥐나 기타 작은 동물들을 잡아먹음으로써 집안을 잘살게 해주지. 자기도 집안사람들의 보살핌을 받으면서 새끼 낳고 잘 살다가 떠날 때가 되면 미련 없이 떠나는 거야. 이렇게 우리나라에서는 구렁이를 은혜를 갚을 줄 아는 동물로 좋게 보았어.

의리와 정조를 지킬 줄 아는 구렁이

어떤 한량이 과거를 보러 가는데 큰 구렁이가 작은 뱀과 교미를 하고 있었어. "저렇게 큰 것이 어찌 조그만 뱀하고 저 짓을 할까?" 하고는 작대기를 주워 큰 구렁이를 냅따 후려쳤지. 크게 상처를 입은 구렁이가 원망스러운 듯 힐끔거리며 사라졌는데, 그날 밤 한량이 잠자는 주막에 구렁이 두 마리가 찾아와 한량을 불러냈어. 상처를 입은 암구렁이가 남편 구렁이와 같이 와서 복수를 하려고 한 것이지.

죽게 된 한량이 그래도 할 말은 해야겠다고, 마지막 힘을 내서 수구렁이에게 말했어. "내가 네 짝을 몽둥이로 때려 상처를 입힌 것은 사실이다. 그러나 네 짝이 나에게 맞은 것은 바람을 피웠기

때문이다. 이렇게 크고 훌륭한 서방이 있는데, 대낮에 길가에서 조그만 뱀하고 바람을 피우니, 매를 맞는 것이 당연하지 않은가?"

그 말을 들은 수구렁이가 믿기지 않는다는 표정을 짓더니, 암구렁이에게 사실이냐고 물었어. 암구렁이는 얼굴이 빨개진 채 대답을 못하고 도망가려고 하였지. 화가 난 수구렁이가 암구렁이를 물어뜯어 죽이고는 한량에게 고맙다는 인사와 함께 사라졌어.

사족

초나라의 재상인 소양이 위나라를 격파하고 그 기세를 타고 제나라를 치려고 하였어. 겁을 먹은 제나라 임금이 진진을 시켜 초나라의 군사를 막고자 하였지.

진진이 초나라의 병영으로 가서 소양에게 말했어. "재상께서는 신하로서는 최고의 지위에 올랐고, 이제 위나라를 쳐서 이긴 공을 보탰습니다. 그런데 여기에 또 제나라를 쳐서 이긴다 해도 더 올라갈 지위가 없고, 혹여라도 진다면 재상자리에서 쫓겨날 것입니다." 그러면서 사족 이야기를 한 거야.

"어떤 사람이 종들에게 큰 사발 가득히 술을 따라주고 나누어 먹으라고 하였는데, 혼자 먹기는 많아도 여럿이 나누어 먹기는 적은 양이었습니다. 그래서 서로 의논하기를 뱀을 그려서 먼저 완성한 사람이 술을 다 먹기로 하였습니다. 그랬더니 한 사람이 얼른 뱀을 다 그리고 술잔을 잡아들었습니다. 그리고는 '나는 발까지 그릴 수 있다.' 하고 뱀의 발을 그렸습니다.

그러자 다른 종이 얼른 뱀을 그린 뒤 그 술잔을 빼앗아 마시며, '뱀에게 발이 어디 있는가? 네가 그린 것은 뱀이라고 할 수 없다.'고 했습니다. 재상께서는 이 이야기를 어찌 생각하십니까?"

그 말을 듣고 한참을 생각하던 소양이 고개를 끄덕이며 "참으로 옳은 말이로다!" 하고는 군사를 거두어 귀국하였지.

그러니까 신하로서 이미 최고로 높아졌고 공도 그만큼 세워서 명예도 높아졌는데, 더 큰 명예를 얻어봤자 오히려 위협을 느낀 임금에게 죽임을 당할 수 있다고 암시를 한 거야. '뱀만 그리면 되었지, 쓸데없이 뱀 발까지 그려서 술을 뺏길 필요가 있느냐?' 하면서 말이지.

여기서 '사족蛇足', 즉 '쓸데없는 일을 한다.' 또는 '쓸데없이 붙은 혹'이라는 말이 생겼어. 뱀은 발이 없어도 좌우로 몸을 수축했다가 늘리면서 잘도 움직이잖아? 아마 발이 있었다면 그렇게 빨리 가지는 못할 거야. 그렇게 긴 몸에 두 개나 네 개 갖고는 어림없을 것이고, 그렇다고 지네처럼 많은 발을 갖고 있으면 발이 꼬여서 넘어지기 쉽거든.

▪ 도마뱀도 아닌데, 뱀에 발이 달리면 그게 뱀이야?

구렁이 속담

구렁이가 사람 근처에 살고 사람과 오랫동안 가까이 지냈으므로 그에 대한 속담도 많아. 사람 눈에 잘 안 띄면서 사람 근처에 사는 동물이기 때문에 신령스러워 보이기도 하지만, 한편으론 음흉하고 능글맞다는 생각도 들거든. 사실 커다란 뱀이 집에 몰래 숨어서 같이 산다고 생각해봐. 좀 그렇지? 그래서 "구렁이 담 넘어가듯, 능구렁이" 등등의 말이 생긴 거야.

또 느리면서도 집중력 있고 조심스럽게 일처리 하는 모습에서 "눈먼 구렁이 꿩알 굴리듯 한다"는 속담이 생겼어. 손도 없는 구렁이가 꿩알을 가져가면서 신기하게도 깨먹지도 않거든.

구렁이와 익수

뱀은 어떤 일에 서원을 세우면 온 정성을 다해서 끝까지 다하는 성질도 있고, 은혜를 입은 일에 대해서는 잊지 않고 의리를 지키지만, 때로는 바람난 암구렁이처럼 작은 이익 앞에 큰 뜻을 잃기도 하고, 원한이 맺히면 죽어서 원수의 자식으로 태어나서라도 갚아야 직성이 풀려.

또 그 큰 몸으로 사람 집에 살면서도 들키지 않는 용의주도함, 그리고 손발도 없이 알을 가져가면서도 깨뜨리지 않는 조심성 등을 두루 갖춘 영물이라고 할 수 있지.

바로 이런 면이 문서와 전적을 담당해서 문화적인 사업을 하고, 악부樂府를 맡아서 광대와 가수같이 풍류를 즐기기도 하며, 먼 나라의 사신이 되어 기이한 풍속과 풍물을 전파하는 등등의 일을 하는 익수의 수호신장으로 선택된 거지.

반짝반짝 정보마당

사자성어 & 속담

▎용두사미(龍頭蛇尾) - 머리는 용이고 꼬리는 뱀이라는 뜻으로, 시작은 좋았다가 갈수록 나빠짐의 비유. 또는 처음 출발은 야단스러운데, 끝장은 보잘것없이 흐지부지되는 것.

▎구렁이 담 넘어가듯 - 일을 분명하고 깔끔하게 처리하지 않고 슬그머니 얼버무려 버림을 비유적으로 이르는 말.

▎구렁이 아래턱 같다 - 구렁이의 아래턱에 귀중한 구슬이 있다는 데서 유래한 속담. 매우 가치 있고 소중함을 비유한다.

▎참새가 아무리 떠들어도 구렁이는 움직이지 않는다 - 실력이 없고 변변치 못한 무리들이 제아무리 떠들어봤자 실력이 있는 사람은 동요하지 아니한다는 말.

교과관련

▎초등학교 1학년 2학기 읽기 〈은혜 갚은 꿩〉
: 교과서 속 이야기를 비롯한 더 많은 설화와 이야기를 알 수 있답니다.

참고도서 & 사이트

▎개구리랑 뱀이랑 1박 2일 장수하늘소 글 | 밝은미래
도마뱀, 뱀, 개구리, 두꺼비 등 양서류와 파충류를 의인화하여 흥미진진한 동화 속에 살려냈습니다. 뱀을 비롯한 다양한 양서류와 파충류의 모습을, 특징을 잘 살려낸 세밀화를 통해 보여줍니다.

❼ 軫 水 蚓
수레 진
물 수
지렁이 인

상징	주작의 꼬리
크기	2m
운행방위	巳(남남동)

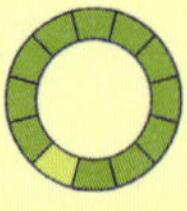

영토	17°
보이는 때	3/27~4/27
해당지역	전라남도 동부
부하별수	7(48)
힘의세기	★★★★

의미 ▎ 장군 또는 국무총리, 노래하고 즐기는 일, 전차부대, 무덤. 밝고 크면 평안해지고 소통이 잘되나, 별이 흩어지면 임금이 위태롭고, 모여들면 병란이 일어난다.

진수인

진수인은 남방주작칠수 중에 제일 마지막 별자리인 진수를 수호하는 신장이야. 별 모습이 수레 같아서 잔치할 때 쓰이는 악기나 음식을 나르고, 혹은 군대의 전차나 군용품을 나르는 수레의 뜻이 있어. '수'는 칠정 중에 수성의 정기를 받았다는 뜻이고, '인'은 지렁이라는 동물로 대표된다는 뜻이야.

　진수인은 지렁이의 머리에 사람의 몸을 하였는데, 키가 2m나 되고, 얼굴은 자주빛이 도는 팥배나무색이야. 흰색 전투복을 입었고, 청색의 띠를 둘렀으며, 긴 칼을 잡고 있어. 늘씬한 게 10등신도 넘을 거야.

진수

진수는 익수에 비해 별수가 적지. 아마도 익수가 진수에게 하청을 줬나봐. '악부樂府는 네가 좀 관리해줄래?' 하고. 그래서 악부를 관리해. 군수품을 운송하는 일도 맡고 있지.

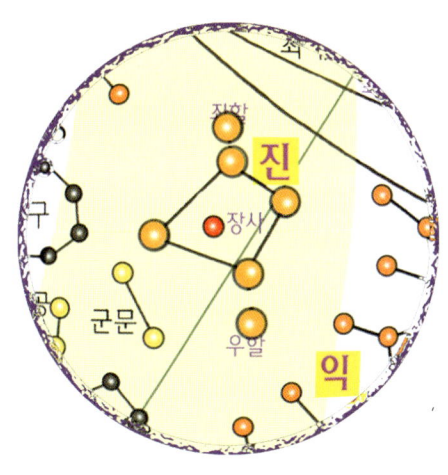

■ 진수와 주변별들

진수는 주로 노래하고 즐기는 별이야. 그래서 자칫 사람에게 독이 된다고 해서 천독성天毒星이라 부르고, 네 개의 별이 전차의 수레처럼 사각형을 이루고 있기 때문에 '수레 진軫'이라는 이름을 얻었어. 그래서 좌우에 붙은 좌할, 우할 그리고 진수의 가운데 수레를 타고 있는 사람을 뜻하는 장사라는 별까지 합해서 일곱 개의 별로 이루어져 있다고 하는 사람도 있어.

이 진수도 적당히 밝아야 좋은 거지, 너무 밝으면 잔치하다가 나라를 망하게 해. 아니면 군수용품을 나르는 수레가 되어 군대를 동원해 전쟁을 하게 된다는 뜻이 돼.

진수의 부하별자리와 다스리는 영토

진수는 28수 중에서도 17°라는 비교적 넓은 영역을 맡아 다스리는 별자리야. 부하별자리도 일곱이나 되지. 태평성대에서는 노래하고 춤추며 즐기는 역할을 하지만, 일단 유사시에는 용감한 기갑부대가 되어서 적진을 누비는 역할이니까, 일종의 예비군이라고도 할 수 있어.

진수 바로 위에 태미원(좌태미, 우태미)이 있어서 위로는 부하별자리가 없고, 진수 아래로만 부하별자리가 있어. 조금 전에 부하별자리가 일곱이나 된다고 했지만, 그 중에서 세 별자리는 진수와 한 몸이야.

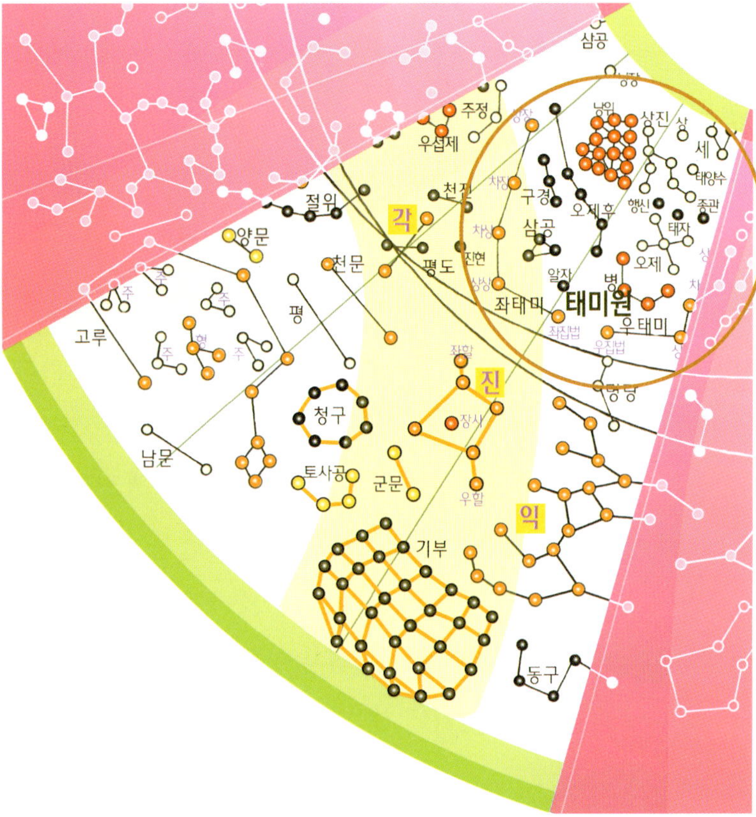

무슨 말이냐고? **목숨**(**장사**長沙)은 진수를 구성하는 네 별의 한가운데 있는 별이야. 진수를 다스리는 제후의 수명을 관장하는 별이면서 제후 자신이기도 하지. 또 임금과 같은 성씨의 제후를 주관하는 **왼쪽 바퀴**(**좌할**左轄)와 임금과 다른 성씨의 제후를 주관하는 **오른쪽 바퀴**(**우할**右轄)가 있는데, 보다시피 진수와 거의 구별이 안 되잖아.

이 외에도 진수의 전차(수레)가 출입하는 **군인의 출입문**(**군문**軍門), 그리고 전차가 잘 다닐 수 있도록 길을 닦기도 하고 참호도 만들기도 하면서 군대의 토목공사를 맡은 **공병**(**토사공**土司空)이 있는데, 평소에는 임금을 보좌하다가 유사시에는 군대의 일에 투입되는 별이야.

또 **악기 창고**(**기부**器府)는 악기를 맡은 별인데, 서른두 개나 되는 별로 되어 있어. 왜 이렇게 별의 수가 많냐고? 음악으로 사람들의 심신을 다스리는 역할을 하기 때문이야. 정서적으로 안정되어야 싸울 생각을 안 하고 서로 사이좋게 잘 지내거든. 전쟁을 하지 않고도 상대방을 제압할 수 있는 중요한 역할인 거지.

공병 옆에 있는 **청구**(青丘)는 우리나라를 뜻하는 별자리야. 중국에서 우리 민족의 땅을 차지하고 살면서 항상 불안했던 거지. 청구는 우리나라의 옛 이름이기도 해.

황도궁으로는 쌍녀궁에 속하고, 전라남도의 동부지역에 해당해. 그러니까 진수가 또렷하거나 빛이 잘 나면 이 지역이 그만큼 잘살게 되는 것이고, 빛이 흐려지거나 제대로 모습을 안 갖추고 있으면 해당지역이 좋지 않게 된다고 하지.

■ 진수에 해당하는 지역 : 광주, 창평, 화순, 보성, 장흥, 고흥, 순천, 여천, 승주, 보성, 곡성, 구례, 광양, 여천, 여수.

지렁이

지렁이는 '지렁이 구蚯, 지렁이 인蚓'이라고 해서 구인이라고 불러. 이름도 한두 개가 아니고, 열댓 가지나 돼. 땅속에서 사는 단순한 삶이지만, 그만큼 인간에게 여러 모로 도움이 되는 동물이라는 뜻이 되지. 『금성이견』에는 "물고기는 귀가 없고, 매미는 입이 없으며, 뱀은 발이 없고, 지렁이는 힘줄과 뼈가 없다."고 하는데, 무엇보다도 뼈가 없는 데도 잘 움직이는 동물이라고 해.

지렁이의 특징 중 하나는 쉬지 않고 먹고 싸는 거야. 썩고 냄새 나는 나쁜 흙을 먹고 식물이 자라기 좋은 비옥한 흙을 만들어 내서, '흙의 창자'라고도 불리지. 그래서 음식물 찌꺼기 저장소나, 쓰레기 매립장에 지렁이를 길러 정화작업에 쓰기도 해.

또 지렁이는 칠정 중에 수성의 기운을 받은 동물이라서 비가 오는 것을 정확히 예측해. 지렁이가 땅으로 나와서 이리저리 움직이 틀고 있으면 곧바로 비가 내릴 징조라고 해. 비 올 것을 먼저 알고 제일 먼저 비를 맞으려고 기다리는 거지. 지렁이가 습한 것을 좋아하기 때문에 구름 낀 날을 좋아하는 것은 당연하고.

> ● ● ● ● ○ 지렁이의 이름
>
> 이름에 대해서 기록한 『물명고物名考』라는 책을 보면, 여러 가지 이름이 기록되어 있어. 그 중에 몇 가지만 예를 들어 볼까?
> 땅 속의 용이라 하여 지룡地龍 또는 토룡土龍, 잘 모여 산다 하여 구인蚯蚓, 황토 진흙에 산다 하여 근인螼蚓, 잘 구부러진다 하여 곡선曲蟮 또는 토선土蟺, 암수가 한 몸으로 잘 붙어 산다 하여 부인附蚓, 잘 꿈틀거린다 하여 원선蝯蟺, 길게 울 수 있다 하여 가녀歌女 또는 명유鳴蚴, 약재로 쓸 때 찬 기운이 있다 하여 한인寒蚓 등의 이름으로 불려. 지렁이란 말도 '지룡地龍이'에서 나왔다는 설이 있을 정도로 땅의 정기를 흠뻑 받은 동물이지. 맞아, 지룡이⇨지롱이⇨지렁이, 뭐 이런 식으로 바뀌었다지.

지렁이와 견훤

견훤은 너희들도 알다시피 후백제의 시조로 본래 성은 이李씨였으나 뒤에 견甄씨로 바꿨다고 해.

그의 아버지는 이아자개로 농민 출신인데, 『삼국유사』의 이제가기 편에는 무열왕과 왕권을 다투다가 쫓겨난 진흥왕의 후손이라는 말이 있어. 어머니의 성씨는 확실치는 않으나, 상주의 북촌에 있는 부잣집의 딸이라고 하지.

당시 신라에서는 좋은 씨는 좋은 씨끼리 결혼해야 한다는 생각을 했어. 골품제도라고 들어봤지? 제일 좋은 씨인 성골은 성골과 결혼해야 성골을 유지할 수 있었던 거지. 그래서 사촌끼리도 결혼하는 동성동본의 혼인이 성행하였는데, 그 결과로 보통사람보다 훨씬 크고 잘난 사람이 태어났는가 하면, 엉뚱한 못난이가 태어나기도 하였어.

그중에서도 지증왕, 경덕왕, 진평왕은 역사의 기록으로도 2m 60cm가 넘는 엄청난 거인이었어. 너무 크니까 임금이면서도 짝을 못 얻어 고생하였지. 그렇게 큰 여자 구하기가 쉽지 않았던 거야.

견훤의 어머니도 왕족 출신이었는지 상당한 거인이었대. 그래서 시집갈 나이가 지났지만 짝을 구할 수가 없었지. 여기저기로 딸의 배필감을 수소문하였는데, 사윗감들이 재물이 탐나서 왔다가도 그 큰 몸집에 겁을 먹고 제 발로 줄행랑을 쳤다고 해.

『삼국유사』에는 "옛날 광주 북촌에 사는 부잣집 딸에게 밤마다 자줏빛 옷을 입은 사내가 찾아와 잠자리를 같이 하고 돌아갔다. 딸이 아버지에게 이 사실을 말하자, 아버지는 긴 실을 바늘에 꿰어 찾아오는 사내의 옷에 찔러놓으라고 하였다. 아버지가 시킨 대로 한 다음날 실 끝을 북쪽 담장 밑에서 찾게 되었는데, 허리에 바늘이 찔린 큰 지렁이가 있었다."라고 견훤의 부모를 설명하고 있어.

전해져오는 다른 이야기에서는 밤마다 찾아오던 자줏빛 사내가 내일부터는 오지 못한다고 하는 것으로 나와. 이별이 싫어 슬피 우는 처녀에게 사내가 말하기를 "나는 지렁이의 화신인데, 나를 보고 싶으면 북쪽의 담장 밑을 파봐라. 그러면 큰 지렁이가 나타날 것인데, 그가 나인 줄 알라."고 말하고는 다시는 오지 않았다고 해.

아마도 아자개는 지렁이에게 오줌을 싸다가 지렁이 독에 쏘여 옥경이 퉁퉁 부어오른 채로 견훤을 낳고는, 견훤은 자신의 아들이 아니라 지렁이의 아들이라고 생각했는지도 몰라. 그래서 멀리 도망가서 다시는 보고 싶지 않았는지도 모르지. 아자개는 이 부인과 헤어지고 두 번째 부인을 맞이하여 자식을 더 낳게 돼. 어쨌든 아자개하고 견훤은 사이가 좋지 않았대. "네가 왜 내 아들이냐?"고 할 정도로 미워했다지.

아버지도 어렸을 때 장난이 심해서, 지렁이에게 오줌을 누어봤어. 그랬다가 고추가 퉁퉁 부어서 고생한 적이 있지. 지렁이에게 오줌을 누면 오줌줄기를 타고 독이 올라온다는 것을 몰랐던 거야.

참 이상하지? 오줌줄기가 밑으로 내려가면 독이 올라올 수 없을 텐데. 그 오줌줄기를 타고 거꾸로 독이 올라온단 말이야. 아마, 물고기가 냇물이 흐르는 방향을 거꾸로 해서 상류로 올라가는 이치하고 같은 이유일 거야.

옛날 어른들이 "더러운 곳에 오줌 누지 마라!"고 하신 이유가 있는 거야. 더러운 곳에 오줌을 누면 그 안에 있는 미물의 독이 오줌줄기를 타고 올라오기 때문이지. 아버지도 지렁이가 작았기에 망정이지, 진도의 지렁이처럼 커서 멀리 있는 뱀도 죽일 정도였다면

▪ 아저씨! 지렁이에게 오줌 누면 안 돼요! 에테테! 지렁이가 독을 쏴 올려서 거시기가 부어요.

벌써 죽었을지도 모르지.

　사실 뱀이나 지렁이는 환경만 좋다면 정말 멋대로 크게 자라는 동물이기도 해. 생식기도 둘씩이나 갖고 있어서 받아들인 양기를 욕심껏 발산하는 거야. 이와는 달리 지렁이는 한 몸에 암수의 생식기를 모두 갖고 있지만, 혼자서는 번식하지 못하고 두 마리가 서로 암수생식기를 바꿔가며 정자를 교환한단다. 결국 뱀과 지렁이는 한 번 교접에 생식기를 두 개나 쓰는 욕심쟁이지.

●●●●● 지렁이의 힘

"지렁이도 밟으면 꿈틀한다"는 말처럼 힘없는 동물로 알려졌지만, 한편으론 "진도의 벽파정이라는 정자에 매달려 있던 큰 구렁이가 마루 밑에 있던 지렁이가 쏜 독에 맞아 죽었다."는 기록이 있을 정도로 독기가 강해.

또 "지렁이 갈빗대(아주 부드럽고 말랑말랑함)"라는 말이 돌 정도로 작고 연약하지만, 『오주연문장전산고』에는 "고려 태조 8년 봄에 길이 16m나 되는 지렁이가 궁성의 동쪽에서 나왔다."고 하는 큰 지렁이에 대한 기록도 있어. 그러니까 일반적으로 알고 있는 지렁이보다 훨씬 크고 기운 센 놈들이 있다는 거지.

지렁이는 암수 한몸이야. 땅 속에 살면서 부지런히 먹고 부지런히 자식 낳으며 땅을 기름지게 하지. 뿐만 아니라 낚시미끼, 양어용 사료 등등 쓰임도 다양해. 『동의보감』에는 "지렁이는 찬 성질이 있고, 짜며 독이 없다."고 하여 약재로도 좋다는 평을 하고 있지. 특히 위장병에는 최고야. 이외에도 마음 나쁜 며느리가 눈먼 시어머니에게 지렁이를 구워 주면서 노루고기라고 하였을 정도로, 영양가 있고 맛있는 먹거리이기도 해.

먹을 것 걱정 없는 지렁이

하느님께서 하늘과 땅을 창조하신 뒤에 사람을 만들고 짐승을 만드셨지. 그리곤 사람과 짐승을 만들고 남은 부스러기를 이용해서 벌레들을 만드셨어. 하느님이 창조를 마치고 막 하늘나라로 돌아가려 하는데, 말없이 꿈틀거리기만 하던 지렁이가 급하게 하소연했어. "하느님! 황송합니다만 저희는 무엇을 먹고 살면 좋겠습니까? 귀도 없고 눈도 안 보이는데다 힘도 없고, 그렇다고 이렇다 할 재주도 없습니다. 정말 먹고 살길이 막막합니다."

하느님이 가만 생각하니까 정말 딱했어. 눈도 없고 발도 없고, 입은 조그만데다 그저 꿈틀거리기만 하는 거야. 그래도 제 살길이 걱정되어서 묻는 것이 기특했어.

그래서 '미물이기는 하지만 게으른 것만 고치면 좋겠다.' 하는 마음에서 짐짓 꾸짖으셨지. "너는 그렇게 게을러서 땅바닥에 퍼질러 누워 꿈틀거리기만 하면서, 무얼 좋은 것을 먹으려 하는가? 그렇다고 특별한 기술도 없고, 누굴 위해서 봉사도 하지 않으니 좋은 것을 줄 순 없느니라." 이렇게 말하면 지렁이가 '부지런히 살겠으니 좀 맛있는 것을 먹게 해달라'고 할 줄 아신 거지.

그런데 지렁이의 말이 가관이야. "말씀하신 것처럼 저희들이 게으른 것은 압니다. 그래서 맛있는 것은 원치 않습니다. 그렇지만 저희는 입도 작은데다, 눈도 없고 코도 없고 귀도 없으니, 무엇을 볼 수도 없고 냄새를 맡을 수도 없고, 들을 수도 없습니다. 다른 것은 그래도 참을 만한데, 이렇게 가만히 있어도 배는 고프니 어찌합니까? 하느님께서도 아시다시피 저희들은 특별히 사냥할 재주도 없고, 또 부지런히 다니며 농사짓는 것도 원치 않습니다. 그저 게을리 있으면서 배불리 먹을 수 있으면 좋겠습니다."

하느님이 은근히 화가 났어. 아무리 부스러기로 만든 미물이지만 어찌 저리도 좀 더 낫게 살려고 하는 의지가 없을까? 그래서

화난 목소리로 말씀하셨어. "노력하고 싶지도 않고, 게으르게 살면서 배만 부르고 싶다면 흙을 먹는 것이 좋겠다. 아무 데나 널려있고, 발이 없어서 도망 다니지도 못하니, 너희같이 게으르고 재주 없는 것들이 먹기가 얼마나 좋으냐?"

그쯤 했으면 '잘못했습니다. 앞으론 열심히 노력하며 살겠습니다. 하느님께서도 조금 더 수고하셔서 눈도 보이고, 귀도 들리고, 입도 좀 크게 고쳐주십시오.'라고 할 만도 한데, 지렁이는 천하태평이야.

지렁이가 한번 꿈틀대더니, "정말 감사합니다. 그런데 이 세상의 흙을 다 먹은 다음에는 무엇을 먹으면 좋겠습니까?" 하는 거야.
이 말에는 정말 화가 난 하느님께서 큰소리로 꾸짖으셨지. "뭐라고? 고얀 놈들이로세. 너희들이 어찌 이 세상의 흙을 다 먹는다고 하느냐? 천만 년을 먹는다 하더라도 이 세상의 흙을 다 먹을 수 없을 것이다. 더구나 너희같이 게으른 놈들이 무슨 수로 다 먹는단 말인가? 먹자마자 바로 싸서 너희들이 먹은 흙을 먹고 또 먹게 하리라." 그러고는 하늘나라로 올라가셨지. 그때부터 지렁이는 흙을 먹고 또 먹고, 먹고 싸고 먹고 싸고, 이 세상 끝날 때까지 하게 되었대. 지렁이는 끝도 없이 먹을 수 있어서 좋고, 흙은 먹힐수록 더욱 좋은 흙이 되어서 좋고.

지렁이와 익수

지렁이는 약한 것 같으면서도 강한 힘이 있고, 좋다 싫다 구별하지 않고 묵묵히 제 할 일만 하는 뚝심 있는 근면성이 있어. 또 나쁜 것을 받아들여 좋게 만드는 재주가 있으며, 비가 올지 가물게 될지를 알아서 진퇴를 결정하고, 평소에는 부귀공명에 관심 없이 묵묵히 제 할 일을 하지만, 누가 건드리면 독을 뿜어서라도 단단히 혼내주는 성질도 있는 동물이야. 더구나 평생 먹을 것 걱정하지 않아도 되고.

바로 이런 면이 음악을 맡아서 노래하고 즐기는 일을 하고, 유사시에는 전차와 기마병이 되어서 상대를 강력한 힘으로 응징하는 진수의 수호신장으로 선택된 거야.

반짝반짝 정보마당

사자성어 & 속담

▌ 지렁이가 움츠리는 것은 앞으로 갈 셈이다 – 무슨 일을 하려면 먼저 준비를 한 다음에 본격적으로 해야 한다는 뜻.

▌ 지렁이가 땅 밖으로 나오면 비가 온다 – 지렁이는 습기를 좋아하기 때문에 비가 오기 전과 습한 날에만 밖으로 나오므로 생겨난 말.

▌ 지렁이 용 되는 시늉한다 – 아무리 미천하거나 순한 사람이라도 너무 업신여기면 가만있지 않는다는 말.

▌ 지렁이 무리에 까막까치 못 섞이겠는가 – 전혀 무관한 듯한 두 사람이 서로 가까이 어울리게 되는 경우. (북한속담)

▌ 지렁이 어금니 부러질 노릇 – 지렁이는 어금니가 없다는 데서 유래. 아주 터무니없는 짓을 뜻함. (북한속담)

교과관련

▌ 초등학교 5학년 1학기 과학 〈9.작은 생물〉
: 초등학교 5학년 때 지렁이를 관찰하는 시간이 있습니다. 지렁이의 생김새와 특징에 대해서 배우게 되지요. 본문에 있는 지렁이에 대한 여러 가지 이야기를 읽어보면 지렁이가 땅속의 작은 벌레가 아니라 땅 속의 용으로 불린 이유를 알 수 있을 거예요.

참고도서 & 사이트

▌ **열려라 지렁이나라** 최훈근 글 | 지성사
우리나라 지렁이박사 1호인 저자가 지렁이의 생김새, 지구를 살리는 지렁이의 활동, 성장과 번식, 생활 방식에 이르기까지 자칫 딱딱해지기 쉬운 내용을 알기 쉽게 풀어내고 있습니다.

▌ **하룻밤에 읽는 한국사** 최용범 글 | 페이퍼로드
이 책은 교과서에서 놓칠 수 있는 부분을 꼼꼼히 챙겨주면서 역사를 한눈에 볼 수 있도록 구성되었습니다. 청소년들이 역사를 이해하는 데 도움이 되는 핵심 키워드가 간결하게 정리되어 있습니다.

南方七宿

되짚어보기

이상의 일곱 동물 신장이 수호하는 남방칠수를 합체해서 한 마리의 주작으로 보면, 정수와 귀수는 주작의 앞부분이고, 류수와 성수, 장수는 몸통이고, 익수와 진수는 꼬리에 해당하지. 그래서 남방주작칠수는 서방백호칠수와 서로 마주 보고 있는 상이 되는 거야. 그러니까 각 별자리로 보면 들개·염소·노루·말·사슴·구렁이·지렁이로 상징되는 신장이지만, 이들이 합체하면 주작이라는 신령스런 신이 된다는 것이지.

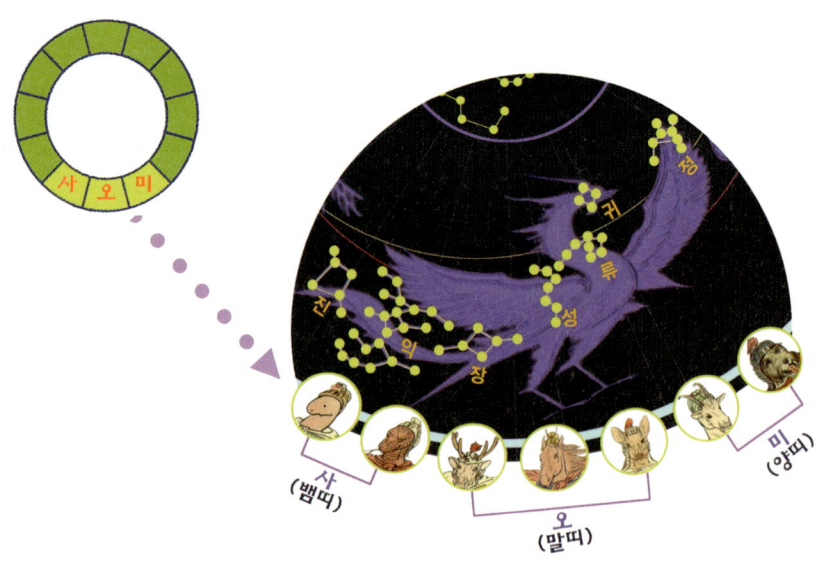

		목요성	금요성	토요성	일요성	월요성	화요성	수요성
남방칠수	이름	정목안	귀금양	류토장	성일마	장월록	익화사	진수인
	동물	들개	양	노루	말	사슴	뱀	지렁이
	방위	미방		오방			사방	
	주작	머리, 앞날개	눈	부리	목	몸통	날개	꼬리

119

여섯째 마당

남은 이야기

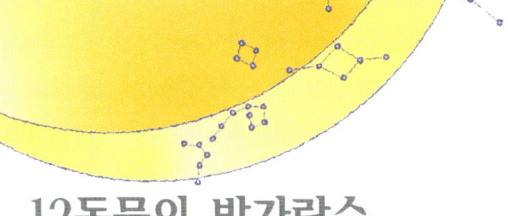

12동물의 발가락수

열두 마리의 동물을 순서대로 번호를 매겨, 홀수 짝수로 나눴더니 발가락수에 공통점이 있는 거야. 궁금하지?

우선 홀수 번째의 동물들을 볼게. 쥐·호랑이·용·말·원숭이·개야. 이 여섯 동물의 발은 한 덩어리 또는 다섯 발가락으로 되어 있어. 쥐(앞발가락은 다섯)·호랑이·용·원숭이·개는 모두 발가락이 다섯 개야. 말은 한 개의 통발로 되어 있지. 발가락은 세 개이고, 발굽이 하나라고도 해. 홀수 번째 동물들의 발가락은 홀수인 거지.

짝수 번째의 동물들도 그럴까? 발가락수가 홀수일까 아니면 짝수일까? 소·토끼·뱀·양·닭·돼지, 이 여섯 동물의 발가락은 네 개야. 소·토끼(앞발가락은 다섯)·양·닭·돼지는 발가락이 넷이고, 뱀은 다리가 없지만 혀가 두 가닥이야. 짝수 번째 동물들의 발가락은 짝수네.

뱀은 발이 없지. 왜냐면 대개 사월 巳月(양력 5월)은 양이 극성한 계절이

홀짝	동물	발가락수
1	쥐	5
2	소	4
3	호랑이	5
4	토끼	4
5	용	5
6	뱀	0(2)
7	말	1(3)
8	양	4
9	원숭이	5
10	닭	4
11	개	5
12	돼지	4

고, 사시巳時(9시~11시)는 양이 극성한 시간이야. 숫자로는 여섯이라서 짝수가 되지만 시기로 보면 가장 더울 때를 대표하는 양인 거지. 그러므로 뱀과 같이 발이 없는 동물을 그 대표로 한 거야.

즉 짝수라서 뱀과 같이 음에 속한 동물로 상징했지만, 양이 극성한 때이므로 짝수로 나뉜 발을 보여주지는 못하고, 짝수로 나뉜 혀를 보여주며 짝수 번째라는 것을 강조한 거야. 양이 극성한 때라서 음이라고 밝히기를 꺼린 거야. 그래서 음이라는 것을 감추고 있다가 때때로 낼름거리며 '나는 음이지롱, 낼름' 하는 거지.

12동물의 흠결

12지지에 속한 동물은 모두가 흠결(일이나 수에서 부족함이 있기 것)이 있지. 하늘은 서북쪽으로 기울어져 있고, 땅은 동남쪽이 조금 모자라게 되어 있어. 하늘의 삼원에서도 천시원, 태미원이 동남쪽으로 몰려있고! 28수도 동쪽으로 조금 기울어 있어. 하늘과 땅도 이렇게 흠결이 있는데, 동물의 몸이 어찌 온전하겠어?

■ 가운데 보이는 노란 선이 태양이 지나가는 길을 표시한 황도야. 이 황도를 중심으로 28수가 자리하지. 황도도 기울고 28수도 기울어 있어.

『삼명통회』라는 책에 전해오는 이야기를 한번 읊어볼까?

	쥐는 빛을 무서워하고 눈이 작아서 밤에 돌아다니고,
	소는 어금니가 없어서 입술로 씹으며,
	호랑이는 세분된 목뼈가 없어서 몸 전체를 돌려서 돌아봐야 하며,
	토끼는 입술이 언청이처럼 흠결이 있어서 용감하지 않고,
	용은 귀에 흠결이 있어서 촉각을 이용해 듣는 귀머거리고,
	뱀은 발이 없어서 몸 전체로 다니며,
	말은 쓸개가 약해서 항상 일어서 있고 서서 잠을 자며,
	양은 동공이 없어서 죽어도 눈을 감지 못하며,
	원숭이는 비장이 없어서 과일먹기를 좋아하며,(비장은 단맛과 연관되는데, 단맛이 늘 모자라니 과일을 먹겠지)

 🐓	닭은 신장이 없어서 음탕하고 절제가 없으며,
 🐕	개는 위장이 없어서 더러운 것을 먹고 짖기를 좋아하며,
 🐖	돼지는 힘줄이 없어서 잠자기를 즐겨하고 서있기를 싫어한다고 해.

어휴, 숨차! 이렇게 각기 한 가지씩 흠결을 가지고 있는데, 동시에 그것은 각자의 특징이 되어 고유의 성격과 역할이 정해졌단다.

왜냐고? 각 동물이 음양과 오행을 온전히 갖추지 못했기 때문이야. 오직 사람만이 음양을 온전히 갖추고 있어서 온전한 오장육부와 온전한 신체를 갖고 있지. 그래서 만물의 영장으로 가장 귀하다고 하는 거야.

28수의 관측날짜

밤 10시에서 12시 사이에 남쪽하늘에서 28수를 관측할 수 있는 날짜야. 예를 들어 동방청룡칠수는 4월 13일~7월 18일까지 볼 수 있고, 각수는 4월 13일~5월 14일 사이에 밤하늘에서 볼 수 있지.

방위		12띠	음력생월	28수	관측날짜
동방 청룡 칠수 4/13 ~7/18	진	용띠	1~6월	각(교룡)	4/13~5/14
			7~12월	항(용)	4/25~5/26
	묘	토끼띠	1~4월	저(너구리)	5/4~6/4
			5~8월	방(토끼)	5/20~6/20
			9~12월	심(여우)	5/25~6/25
	인	호랑이띠	1~6월	미(호랑이)	5/30~6/30
			7~12월	기(표범)	6/17~7/18
북방 현무 칠수 6/29 ~10/27	축	소띠	1~6월	두(해치)	6/29~7/30
			7~12월	우(소)	7/25~8/25
	자	쥐띠	1~4월	여(박쥐)	8/3~9/3
			5~8월	허(쥐)	8/15~9/15
			9~12월	위(제비)	8/24~9/24
	해	돼지띠	1~6월	실(돼지)	9/10~10/11
			7~12월	벽(수달)	9/27~10/27

『28수 나경』을 가지고 맞춰 보면 8시나 9시에 뜨는 별도 볼 수 있단다. 어느 띠에 해당하는지, 28수로는 어디에 해당하는지 찾아 보고, 밤하늘에서도 꼭 찾아 보렴.

	방위	12띠	음력생월	28수	관측날짜
서방 백호 칠수 10/6 ~1/14	술	개띠	1~6월	규(이리)	10/6~11/5
			7~12월	루(개)	10/21~11/20
	유	닭띠	1~4월	위(꿩)	11/3~12/3
			5~8월	묘(닭)	11/15~12/15
			9~12월	필(까마귀)	11/27~12/27
	신	원숭이띠	1~6월	자(후원숭이)	12/12~1/11
			7~12월	삼(원원숭이)	12/14~1/14
남방 주작 칠수 12/23 ~4/27	미	양띠	1~6월	정(들개)	12/23~1/23
			7~12월	귀(양)	1/24~2/24
	오	말띠	1~4월	류(노루)	1/29~2/28
			5~8월	성(말)	2/13~3/16
			9~12월	장(사슴)	2/20~3/23
	사	뱀띠	1~6월	익(구렁이)	3/9~4/9
			7~12월	진(지렁이)	3/27~4/27

전국 방방곳곳 별 헤는 밤하늘

서울 별 보기 좋은 장소 10
(참고 : 서울시가 2010년에 선정한 10곳입니다)

1. 낙산공원(종로구 동숭동)
대학로에서 도보로 10분 거리에 위치한 낙산공원은 주변에 건물이 적고 조명도 약한 편이라 별을 관측하기 좋다. 산책로를 따라 조용히 걸으면서 별을 감상하기 딱이다!

2. 계남공원(양천구 신정동)
계남공원은 아마추어 천체관측 동호회원들의 모습을 심심찮게 볼 수 있는 별 관측 명소이다. 가족 나들이 장소로 좋다.

3. 예술의 전당과 대성사(서초구 서초동)
서울에서도 공기가 맑기로 유명한 곳이다. 예술의 전당에서 뒤편으로 우면산 대성사까지 산책하듯 올라가면 더 많은 별을 볼 수 있다.

4. 안산공원(서대문구 연희동)
지하철 3호선 독립문역 북쪽에 자리 잡고 있다. 이곳은 하늘의 별뿐만 아니라 야경도 감상할 수 있다. 산이 높지 않아 오르기 쉬우며(도보 약 20분 정도) 독립문역 뒤 한성과학고 쪽이나 연세대 북문 근처에 등산로가 있다.

5. **개운산공원**(성북구 돈암동)
성신여대와 고려대 옆에 있는 산으로 정상에 넓은 운동장이 있다. 가로등을 피해서 보면 제법 넓게 트인 하늘을 볼 수 있고, 차를 몰고 올라갈 수 있어 가족이 함께 가기 편하다.

6. **응봉산공원**(성동구 응봉동)
서울숲이 내려다보이고 한강을 따라 달리는 자동차 행렬을 볼 수 있는 곳으로, 야경이 좋아 사진 찍기 명소로도 유명하다.

7. **올림픽공원**(송파구 방이동)
주위 아파트 불빛이 아쉽기는 하지만 산책하면서 별을 보기 좋은 곳이다.

8. **한강공원**(서초구 반포동)
계남공원과 마찬가지로 아마추어 천문인들에게 사랑받는 명소이다. 잔디밭에 누워 별을 보기 좋다.

9. **노을공원 · 난지지구**(마포구 상암동)
상암동 일대에서 가장 어두운 곳으로 별 보기 좋은 명당이다. 노을공원의 경우 해가 지고 1시간 후에는 출입이 제한되기 때문에 노을공원에서 노을을 보다가 난지지구로 옮겨 별을 보는 게 좋다.

10. **팔각정**(종로구 북악산)
여기서는 별을 보는 동시에 남산 아래 야경을 감상할 수 있다. 차를 타고 갈 수 있어 편리하다.

그 외 전국 별 관측 명소 및 천문대

1. 천문인마을(www.astrovil.co.kr)

강원도 횡성 치악산 끝자락 해발 650m에 위치해 있다. 높은 하늘과 맑은 공기가 자랑인 이곳은 국내외 아마추어 천문인들이 모여들 정도로 별 관측하기에 좋은 곳으로 손꼽힌다. 요즘은 캠프 같은 프로그램을 통해서 일반인들도 쉽게 별을 관측할 수 있다. 다양한 천체 사진은 물로 14인치 대구경 천체망원경으로 밤하늘을 볼 수 있는 게 매력이다.

2. 송암천문대(www.starsvalley.com)

서울과 가까운 경기도 양주시 장흥 유원지에 위치한 천문대로 접근성이 좋은 것이 가장 큰 장점이다. 스페이스센터, 송암천문대, 스타하우스 3개의 건물로 이뤄져 있어 학습 체험하기 좋으며, 각 관측실에는 각종 다양한 망원경이 설치되어 있어 편리하고, 선명하게 별을 볼 수 있다.

3. 별마로천문대(www.yao.or.kr)

대전에 이어 국내에서는 두 번째로 지방자치단체가 세운 시민 천문대로, 봉래산 정상에 위치해 있다. 80㎝급 반사망원경을 비롯해 보조망원경 10대 등을 갖추고 있다. 특히 영월 지역은 쾌청한 날이 192일이나 되기 때문에 별을 보기에 알맞다.

4. 세종천문대(www.sejongobs.co.kr)

경기도 여주에 있는 사설 천문대이다. 여주수련원, 천문대 외에 도자기 실습장, 양초 공예장, 영농체험장, 대운동장, 극기체험장, 수영장, 서바이벌 게임장 등의 시설을 보유하고 있다. 천체관측 및 별자리공부는 물론 섬강을 접하고 있어 래프

팅도 즐길 수 있다. 주로 청소년을 대상으로 하고 있으나, 기업 및 일반단체, 가족을 위한 프로그램도 있다.

5. **김해천문대**(www.astro.gsiseol.or.kr)
경상남도 김해시 어방동에 있다. 우주에 대한 일반인의 궁금증을 해소하고, 청소년들에게 꿈과 희망을 주며, 시민들에게는 낭만과 추억을 선사할 목적으로 개관하였다. 영남 지역에서는 유일한 시민 천문대이다. 김해시가 한눈에 내려다보여 야경이 뛰어나다.

6. **곡성섬진강천문대**(star.gokseong.go.kr)
섬진강이 흐르는 강변에 위치하고 있으며, 한국천문연구원에서 우리나라 순수 과학기술로 제작한 600mm 천체망원을 주관측실에 설치해 놨다. 이 외에도 보조관측실, 8m 원형돔 스크린을 갖춘 천체투영실, 그리고 각종 천문자료 등을 전시해 놓은 학습공간으로 구성되어 있다.

7. **칠갑산 천문대 스타파크**(star.cheongyang.go.kr)
충청남도 청양군 정산면에 위치한 천문대로 독일 TMB사의 최고급 렌즈로 만든 국내 최대의 굴절망원경이 설치돼 있어 선명한 별을 관측할 수 있다. 전문성과 즐거움을 겸비한 최고의 시민천문대로 평가받고 있다.

(이 외에도 많은 천문대가 있답니다. "천문대"로 검색해 보세요.)

어느 별과 친할까?

28수 신장도 각기 친한 별과 이기는 별, 지는 별이 있어. 물론 힘이 세질 때와 약할 때도 있지. 또 미수·기수·규수처럼 서로 이기는 별이 있는데, 기운이 세질 때 혹은 자기편이 많을 때 이긴다고 생각하면 돼. 1권에는 28수의 기본적인 성격과 함께 설명해 놓았는데, 여기서는 표로 만들어 비교하도록 했어. 아버지는 여수에 해당하는데, 우수와 친하고 이기는 별은 없고, 우수·각수·항수·익수·루수에게는 약하고, 여름과 가을이 좋고, 겨울과 봄에는 힘이 약해진다고 생각하면 돼.

별	친한 별	이기는 별	지는 별	세질 때	약할 때
각	묘	여 허 위危	정	봄 여름 오전	가을 겨울 오후
항	위	여 위危 허 실	정	봄 여름 오전	가을 겨울 오후
저	루	위胃 묘	미 기 규 루 정	봄 여름 오전	가을 겨울 오후
방	규	없음	미 기 익 루 정	봄 여름 오전	가을 겨울 오후
심	벽	위胃 묘	미 기 규 루	봄 여름	가을 겨울
미	실	우 루 귀 류 장 벽	기 정 규	사계절	없음
기	위危	미 정 규를 뺀 24수	미 정 규	사계절	봄에는 조금 약함
두	허	장 익 진	미 기 루 필 정 귀	봄과 여름	가을 겨울

별	친한 별	이기는 별	지는 별	세질 때	약할 때
우	여	익	미 기 규 루	음력 4월	사계절
여	우	없음	우 각 항 익 루	여름 가을	겨울 봄
허	두	없음	각 항 익 루	봄 여름	없음
위	기	없음	각 항 필 미 규 익	봄 여름	가을 겨울
실	미	여 익 위危	기 규 루	봄 여름	가을 겨울
벽	심	진 익	미 기 규 루	봄 여름 가을 겨울도 편함	없음
규	방	정 미 기를 뺀 24수	정 미 기	사계절	없음
루	저	방 심 허 실 위胃 묘 귀 류 장	미 기 규 정	봄 가을 겨울	여름
위	항	익 진	저 심 규 루 필	봄 여름 가을	겨울
묘	각	진	규 루 저 심 필	봄 여름	가을 겨울
필	진	익 위胃 묘 심 방 허 우 실	미 기 각 항 정 루 저	사계절	없음
자	익	방	미 기 규 루 삼	봄 여름	가을 겨울
삼	장	심	허 기 규 루 정	봄 여름	가을 겨울
정	성	심 필 허 류	미 기 각 항 규 루	봄 여름 겨울	가을엔 조금 약함
귀	류	없음	미 기 규 심 저 필 루	가을 겨울	봄 여름
류	귀	없음	미 기 규 루	봄 여름	가을 겨울
성	정	벽	미 기 규 루	사계절	없음
장	삼	없음	미 기 규 루 정	봄 여름	가을 겨울
익	자	여 허 위危	규 루 필	봄 여름	가을 겨울
진	필	없음	묘 위胃 위危 허 저	봄 여름	가을 겨울

나의 별자리 찾기 응용

1권에서는 음력생월에 따라 자신의 28수를 찾아보았어. 이젠 아주 익숙해졌을 거야. 28수를 찾는 한 가지 방법이 더 있는데, 주관하는 해당날짜를 보는 거지. 「28수나경」을 보면 가장 바깥쪽에 날짜가 쓰여 있어. 이 날짜에 해당되는 별자리가 자신의 별자리가 되는 거야.

아버지는 여수에 해당하고 2월 28일 생이니까 위수라고 보면 되지. 우선 여수와 위수의 성격을 닮았다고 보고, 앞에서 배운 친한 별과 이기는 별, 지는 별, 어느 때에 좋은지를 참고해서 보는 거야.

방위	12띠	태어난 해	음력생월	28수	해당날짜 (양력)
동방칠수	진	용띠	1976 1988 2000 2012	1~6월	각(교룡)	10/6~10/17
				7~12월	항(용)	10/18~10/25
	묘	토끼띠	1975 1987 1999 2011	1~4월	저(너구리)	10/26~11/10
				5~8월	방(토끼)	11/11~11/15
				9~12월	심(여우)	11/16~11/20
	인	호랑이띠	1974 1986 1998 2010	1~6월	미(호랑이)	11/21~12/9
				7~12월	기(표범)	12/10~12/20

북방칠수	축	소띠	1973 1985 1997 2009	1~6월	두(해치)	12/21~1/15
				7~12월	우(소)	1/16~1/23
	자	쥐띠	1972 1984 1996 2008	1~4월	여(박쥐)	1/24~2/4
				5~8월	허(쥐)	2/5~2/14
				9~12월	위(제비)	2/15~3/3
	해	돼지띠	1971 1983 1995 2007	1~6월	실(돼지)	3/4~3/19
				7~12월	벽(수달)	3/20~3/29
서방칠수	술	개띠	1970 1982 1994 2006	1~6월	규(이리)	3/30~4/13
				7~12월	루(개)	4/14~4/25
	유	닭띠	1981 1993 2005 2017	1~4월	위(꿩)	4/26~5/9
				5~8월	묘(닭)	5/10~5/20
				9~12월	필(까마귀)	5/21~6/5
	신	원숭이띠	1980 1992 2004 2016	1~6월	자(후원숭이)	6/6~6/7
				7~12월	삼(원원숭이)	6/8~6/16
남방칠수	미	양띠	1979 1991 2003 2015	1~6월	정(들개)	6/17~7/18
				7~12월	귀(양)	7/19~7/22
	오	말띠	1978 1990 2002 2014	1~4월	류(노루)	7/23~8/7
				5~8월	성(말)	8/8~8/14
				9~12월	장(사슴)	8/15~8/31
	사	뱀띠	1977 1989 2001 2013	1~6월	익(구렁이)	9/1~9/18
				7~12월	진(지렁이)	9/19~10/5

여진이 것으로 해 보자고? 좋아. 1998년 2월 3일생! 1998년은 호랑이띠인데, 1~6월에 태어났으니 미수에 해당하고, 양력 2월 3일은 여수(박쥐)에 해당하는구나. 평소에는 미수의 성격이 많은데

가끔 여수의 성격으로 행동한다고 보는 거야. 어렵지 않지?

또 미수는 실수하고 친하고, 여수는 우수하고 친하니까, 네 친구들은 실수나 우수에 해당하는 사람이 많겠지. 또 미수는 사계절 내내 힘이 세고, 여수는 여름과 가을에 힘이 세져. 그러니까 사계절 내내 건강하고 특히 여름과 가을엔 더 힘이 세진다고 보면 되는 거야.

다른 날짜로 해 볼까? 1995년 11월 6일생! 1995년은 돼지띠인데, 7~12월 사이에 태어났으니 벽수에 해당하고, 양력 11월 6일은 저수에 해당하네. 평소에는 벽수의 성격이 많은데 가끔 저수의 성격으로 행동한다고 보는 거야.

또 벽수는 심수와 친하고 저수는 루수와 친하니까, 네 친구들은 심수나 루수에 해당하는 사람이 많겠지. 또 벽수는 봄, 여름에 힘이 세지고 가을, 겨울에도 편하게 지낼 수 있고, 저수는 봄과 여름에 기운이 세져. 사계절 내내 기운이 세고 특히 봄과 여름에 더욱 힘이 세진다고 보면 되지. 이렇게 하나하나 배우고 친구들 것도 봐주면 재미도 있고, 28수에 대해서도 잘 알게 될 거야.

28수의 후보동물

원래는 한 지지당 세 동물씩 배치되어, 아침, 점심, 저녁을 담당하는 동물이 따로 있었어. 하늘의 칠정에 맞춰 스물여덟 동물만 남게 되었지만…. 물론 아침에 해당하는 동물이 우리가 알고 있는 대표 동물이야. 만약 28수가 36수가 되었다면 자라, 살쾡이, 잉어, 물벌레, 기러기, 고양이, 승냥이, 작은돼지도 포함되었을 거야. 28수에는 못 들어가서 설명하지 않고 넘어갔지만 섭섭할까봐 진한 글씨로 표시해주었어.

띠	아침(대표)	점심	저녁
자	쥐	박쥐	제비
축	소	해치(게)	**자라**
인	호랑이	**살쾡이**	표범
묘	토끼	여우	너구리
진	용	교룡	**잉어**
사	뱀	**물벌레**	지렁이
오	말	사슴	노루
미	양	들개	**기러기**
신	원원숭이	자원숭이	**고양이**
유	닭	까마귀	꿩
술	개	이리	**승냥이**
해	돼지	**작은돼지**	수달

하늘의 삼원

하늘의 중심을 상원, 중원, 하원으로 나누어 보기도 하는데, 태미원을 상원이라고 해서 과거의 세상을 다스리고, 자미원은 중원이라고 해서 현재의 세상을 다스리지. 그리고 천시원은 하원이라고 해서 미래의 세상을 맡아 다스려.

이들이 60년씩 나누어서 다스려 왔는데, 그래도 하늘의 가장 중심부에 자미원이 있기 때문에 자미원이 중심이고 태미원이나 천시원은 그 보조 역할을 한다고 생각했지.

『주례전경석원』 같은 책에서는 "태미원에서는 토음土音(ㅂ,ㅍ,ㅁ)과 화음火音(ㄴ,ㄷ,ㅌ)이 나오고, 자미원에서는 목음木音(ㄱ,ㅋ,ㆁ)이 나오고, 천시원에서는 수음水音(ㅇ,ㅎ,ㆆ)이 나온다"고 보았어. 60년마다 사람들이 발성하는 소리가 달라지고, 따라서 성격도 변한다고 본 거지. 너희들이 어떤 말을 쓰느냐에 따라 너희들의 성격이 달라지고, 결국 인격이 달라지는 거야. 고상하고 듣기 좋은 말을 쓰면 얼굴도 기품 있는 얼굴이 되면서 훌륭한 사람이 되고, 싸우는 듯하면서 시끄러운 소리를 내면 얼굴도 험상궂어지고 싸움을 좋아하는 사람이 된다는 거지.

그래서 세종대왕도 중국의 삼원과 우리나라 삼원의 기준점을 바꾸고(**중국보다 60년을 앞당김**), 음악을 정리하고, 한글을 창제한 것은 물론이고 한자의 발음도 정리한 거야. 사람이 발성하는 소리가 심성에 영향을 미치고, 결국 인품을 바꾼다는 사실에서 착안하여 소리와 음악으로 나라를 다스린 거지.

태미원 太微垣

태미원은 열아홉 별자리에 별의 총 개수는 일흔여덟 개나 되는 큰 영역을 차지하고 있지. 그래도 삼원 중에서는 제일 작은 영역이야. 태미원은 남방주작칠수의 끝 별자리인 장수, 익수, 진수와 자미원의 사이에 있는데, 좌태미원과 우태미원이라는 담장 안에 오제라는 다섯 임금님을 모시고 있어. 그래, 태미원의 '원' 자는 '담장 원'이야.

이 담장은 장군과 정승들이 임금님을 에워싼 형상이고, 그 안에 빈객을 접대하는 **접객관**(**알자**謁者), 궁중 안에서 임금을 보필하는 **삼공**(三公), 삼공을 도와 임금을 보필하는 **구경**(九卿), 도성 안에서 임금을 보필하는 **다섯제후**(**오제후**五諸侯), 임금을 외부의 시선으로부터 막아주는 **병풍**(**병**屛), 임금을 도와 오행을 다스리는 **다섯 임금의 좌석**(**오제좌**五帝座), 임금의 귀여움을 받는 **총신**(**행신**幸臣), 임금의 뒤를 이어서 나라를 다스릴 **태자**(太子), 임금을 따라다니며 심부

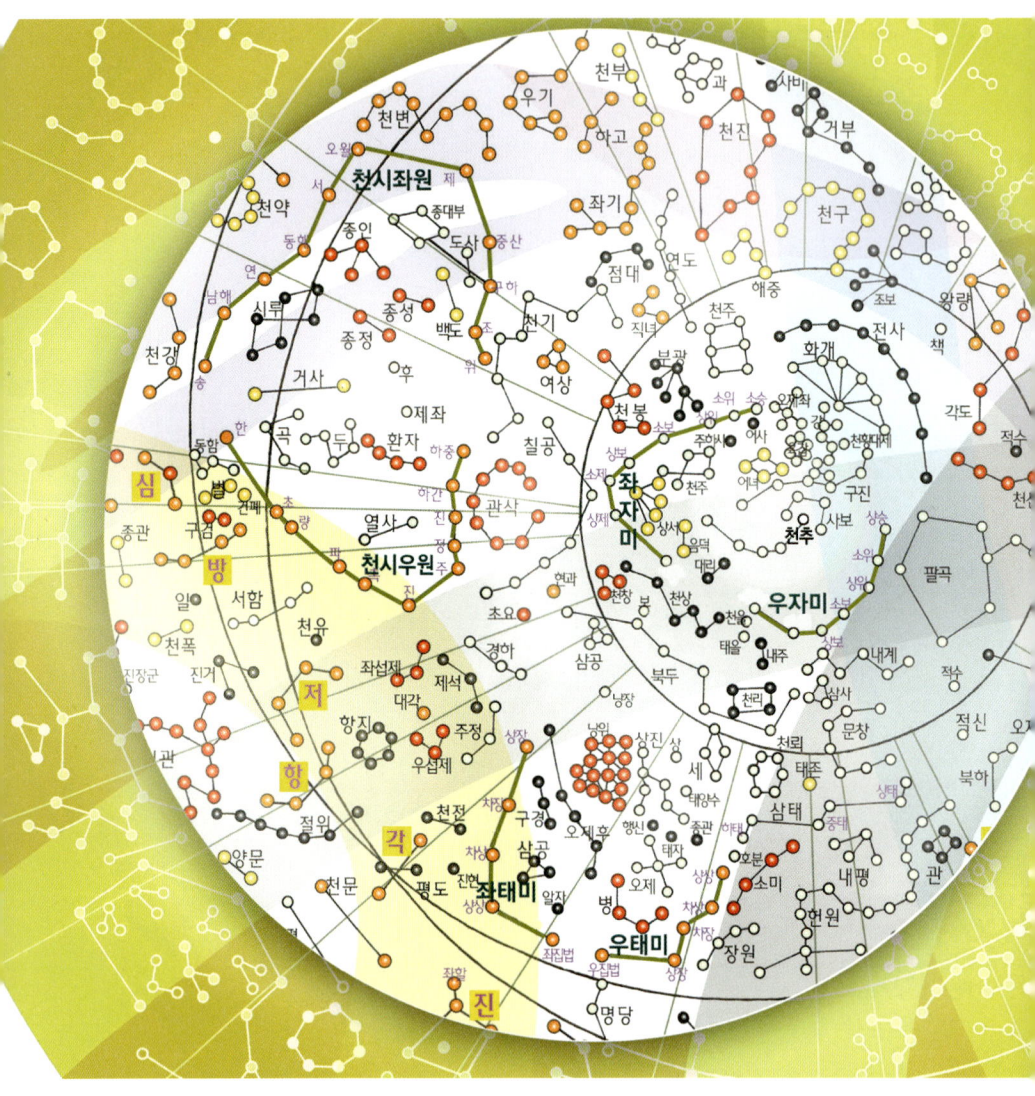

■ 하늘의 삼원이야. 중심에 있는데도 제일 나중에 설명하게 되었네. 자미원이 감싸는 안쪽에 있는 천추라는 별이 하늘의 중심이야. 천시원은 동방칠수에 가깝고, 태미원은 남방칠수 위에 있어.

름하는 **시종**(**종관**從官), 무기를 점검하고 갖추어서 임금을 보호하는 **호위대장**(**낭장**郎將), 임금의 호위를 맡은 **경호관**(**호분**虎賁), 임금을 밤낮으로 호위하는 **숙직무관**(**상진**常陳), 임금의 호위 및 문서를 출납하는 **비서관**(**낭위**郎位)이 있어.

그런데 정작 정치를 맡아서 행하는 부서는 태미원 밖에도 포진하고 있어. 신하들을 모아서 정치를 논의하는 **국무회의장**(**명당**明堂)과 천문기상 등을 관찰하고 상서로운 조짐과 재앙 등의 변괴를 살피는 **천문대**(**영대**靈臺), 그리고 시험 쳐서 관리가 되고 백성의 모범이 되는 **모범백성**(**소미**少微)과 임금에게 의견을 제시하면서 올바른 길로 이끄는 **삼태성**(**삼태**三台), 국경의 수비를 맡은 **국경수비대**(**장원**長垣) 등이 태미원 밖에 배치되어 있는 부서야. 그래서 태미원을 과거엔 정치를 맡았지만 지금은 쉬면서 다시 정치를 맡을 수 있는 때를 기다리는 부서라고 하는 거야.

이 중에 **삼태성**(**삼태**는 **태위**太尉, **사도**司徒, **사공**司空의 세 벼슬을 뜻하는데, 우리나라의 영의정, 좌의정, 우의정에 해당)은 우리 민족에게 잘 알려져 있는 별자리야. 『유충렬전』에서도 "가슴속의 **대장성**은 때 속에 묻혀 있고 등 위의 **삼태성**은 헌 옷 속에 묻혔으니"라고 했잖아. 훌륭한 사람이 태어날 때 **삼태성**의 정기를 받았다고 하는 거야. 여기서 **대장성**은 자미원에 있는 **문창성**으로 문무를 겸비한 장관급의 별이야. 강감찬 장군이 태어날 때도 **문창성**이 하늘로부터 내려왔다고 해서, **문창성**이 내려온 곳을 낙성대라 이름 짓고 기념하기도 했지.

자미원紫微垣

자미원은 하늘의 중심이야. 북극성이 있고 북두칠성이 있는 곳이지. 자미원 역시 좌자미원과 우자미원이라는 담장으로 둘러싸여 있어. 서른일곱 별자리에 총 164개의 별로 이루어진 거대한 영역이고, 하늘의 주재자로서의 북극성을 받들어 음양과 오행을 직접 다스리는 곳이야. 북극성은 북극이라고 하는 다섯 개로 된 별자리의 끝에 있어. 북극성은 임금이 직접 다스리는 자미원의 한가운데에 있으면서 모든 생명체의 운명과 길흉화복을 다스리지. 그래서 **네 보필(사보四輔)**이라는 네 개의 별이 ㄷ자형으로 감싸면서 보호하고 있어. 자미원에서 북극성의 명령을 북두칠성이 28수에게 국자 꼬리로 지시하는 거야.

천시원天市垣

천시원 역시 좌천시원과 우천시원이라는 담장으로 둘러싸여 있는데, 열여덟 별자리에 총 여든일곱 개나 되는 삼원 중에서도 두 번째로 큰 영역이야. 동방청룡칠수의 저수·방수·심수·미수·기수와 북방현무칠수 중 첫 번째 별자리인 두수에 걸친 거대한 영역이지. 미래의 영역답게 형벌과 도량형을 공평하게 하는 일과 조상을 모시는 일과 친척과 잘 지내는 일 등을 맡은 곳이야.

 또 이곳에 있는 종대부라는 별자리는 벽수 영역에 있는 토공이라는 별자리와 더불어 우리나라 천문도에서만 볼 수 있는 특별한 별자리이지. 이 종대부와 종인, 종성, 종정 등의 별자리가 임금의 친척을 뜻하기 때문에, 세종대왕 말기에 천시원에서 보이기 시작한 혜성이 우리나라에 해당하는 미수의 영역으로 들어갔을 때, 혹시 태자가 죽지 않을까 하고 노심초사한 끝에 세종대왕 자신이 죽은 곳이기도 하지.

28수와 부하별자리

동방청룡칠수
41개 별자리
156개의 별

■ 각수와 부하별자리
제기 솥(**주정**周鼎)
임금의 밭(**천전**天田)
천거(**진현**進賢)
큰 길(**평도**平道)
궁궐문(**천문**天門)
재판관(**평**平)
무기고(**고루**庫樓)
천막 주둔지(**주주**柱柱)
노천 주둔지(**형**衡)
남대문(**남문**南門)

■ 항수와 부하별자리
임금의 자리(**대각**大角)

좌의정(**좌섭제**左攝提)
우의정(**우섭제**右攝提)
형집행관(**절위**折威)
교도관(**돈완**頓頑)
요새망대(**양문**陽門)

■ 저수와 부하별자리
임금의 좌석(**제석**帝席)
선봉장(**초요**招搖)
창과 칼(**경하**梗河)
포구(**항지**亢池)
감로수(**천유**天乳)
친위대(**기관**騎官)
전차대(**진거**陣車)
친위대장(**거기**車騎)
임금의 수레(**천폭**天輻)
기마대장(**기진장군**騎陣將軍)

■ 방수와 부하별자리
사면령(**벌**罰)

동 사립문(**동함**東咸)
서 사립문(**서함**西咸)
대문 빗장(**건폐**鍵閉)
고리 빗장(**구검**鉤鈐)
해(**일**日)
시종(**종관**從官)

■ 심수와 부하별자리
보병친위대(**적졸**積卒)

■ 미수와 부하별자리
한강(**천강**天江)
물고기(**어**魚)
부열(**부열**傅說)
후궁들의 내실(**신궁**神宮)
거북(**귀**龜)

■ 기수와 부하별자리
절구공이(**외저**外杵)
겨(**강**糠)

북방현무칠수
61개 별자리
385개의 별

■ 두수와 부하별자리
시장 책임자(**천변**天弁)
솟을대문(**건성**建星)
자물쇠와 열쇠(**천약**天鑰)
자라(**별**鱉)
저수지(**천연**天淵)
닭(**천계**天鷄)
군견(**구국**狗國)
경찰견(**구**狗)
으뜸농부(**농장인**農丈人)

■ 우수와 부하별자리
베 짜는 여자관리
　　　　(**직녀**織女)
수레 길(**연도**輦道)
물시계탑(**점대**漸臺)
왼쪽 깃발(**좌기**左旗)
오른쪽 깃발(**우기**右旗)
북(**하고**河鼓)

북채(**천부**天桴)
임금님 밭(**천전**天田)
하천(**구감**九坎)
저수지(**나언**羅堰)

■ 여수와 부하별자리
덩굴열매(**과**苽)
씨앗(**패과**敗苽)
보물창고(**이주**離珠)
열두제후국(**십이제국**十二諸國)
광주리와 지게(**부광**扶筐)
해중(**奚仲**)
나루터(**천진**天津)

■ 허수와 부하별자리
경찰관(**사비**司非)
교도관(**사위**司危)
인사담당(**사록**司祿)
검찰(**사명**司命)
통곡(**곡**哭)
초상집 울음(**읍**泣)
큰요새망대(**천루성**天壘城)
부서진 절구(**패구**敗臼)
예복(**이유**離瑜)

■ 위수와 부하별자리
조보(**造父**)
자동차정비소(**천구**天鉤)
차고(**거부**車府)
사람(**인성**人星)
절구공이(**내저**內杵)
절구(**구**臼)
산소(**분묘**墳墓)
왕릉(**허량**虛梁)
이동식 천막(**개옥**蓋屋)
재물창고(**천전**天錢)

■ 실수와 부하별자리
물뱀(**등사**螣蛇)
임금님 별장(**이궁**離宮)
우레와 번개(**뇌전**雷電)
공병대(**토공리**土公吏)
참호와 진채
　　　　(**누벽진**壘壁陳)
경호부대(**우림군**羽林軍)
지휘 도끼(**부월**鈇鉞)
척후대(**북락사문**北洛師門)
사냥꾼(**팔괴**八魁)
이동식 지휘소(**천강**天綱)

■ 벽수와 부하별자리
마굿간(천구天廐)
작두(부질鈇鑕)
비와 이슬(운우雲雨)
벼락(벽력霹靂)
토목감독관(토공土公)
종친회장(종대부宗大夫)

서방백호칠수
49개 별자리
251개의 별

■ 규수와 부하별자리
고가도로(각도閣道)
샛길(부로附路)
왕량(王良)
채찍(책策)
군대 정문(군남문軍南門)
화장실(천혼天溷)
야외 병풍(외병外屛)
토목공사(사공司空)

■ 루수와 부하별자리
장군(천장군天將軍)
산지기(좌경左更)
목장관리(우경右更)
군량창고(천창天倉)
야적창고(천유天庾)

■ 위수와 부하별자리
배(천선天船)
저수지(적수積水)
왕릉(대릉大陵)
공동묘지(적시積尸)
저장창고(천름天廩)
곡식창고(천균天囷)

■ 묘수와 부하별자리
숫돌(려석礪石)
구부러진 혀(권설卷舌)
참소(천참天讒)
아부(천아天阿 또는
천하天河)
달(월月)
음모(천음天陰)
꼴(추고芻藁)
놀이동산(천원天苑)

■ 필수와 부하별자리
주둔부대(주柱 또는
　　　삼주三柱)
다섯 전차부대(오거五車)
연못(함지咸池)
웅덩이(천황天潢)
제후와 왕자(제왕諸王)
망대(천고天高)
한길(천가天街)
관문(천관天關)
귀(부이附耳)
부절(천절天節)
통역관(구주수구九州殊口)
지휘깃발(삼기參旗)
임금의 지휘깃발
　　　(구유九斿)
농원(천원天園)

■ 자수와 부하별자리
자리표시 깃발(좌기坐旗
또는 座旗)
자연현상 관측관
　　　(사괴司怪)

■ 삼수와 부하별자리
정벌(벌伐)

우물(**옥정**玉井)
병풍(**병**屛)
화장실(**천측**天厠)
군인용 우물(**군정**軍井)
똥(**천시**天屎)

남방주작칠수
39개 별자리
184개의 별

■ 정수와 부하별자리
저수지(**적수**積水)
땔감(**적신**積薪)
남쪽 강(**남하**南河)
북쪽 강(**북하**北河)
다섯 측근(**오제후**五諸侯)
음식물 동이(**천준**天樽)
도끼(**월**鉞)

수자원공사(**수부**水府)
댐(**수위**水位)
큰 하천(**사독**四瀆)
솟을 누각(**궐구**闕丘)
시장(**군시**軍市)
꿩(**야계**野鷄)
이리(**랑**狼)
활(**호**弧)
원로(**장인**丈人)
자식(**자**子)
손자(**손**孫)
남극노인(**노인**老人)

■ 귀수와 부하별자리
봉화(**관**爟)
개(**천구**天狗)
시체들의 기운 모음
    (**적시기**積尸氣)
야외 주방(**외주**外廚)
토지신(**천사**天社)
정령(**천기**天紀)

■ 류수와 부하별자리

술 깃발(**주기**酒旗)

■ 성수와 부하별자리
헌원(**軒轅**)
내명부 감찰(**내평**內平)
정승(**천상**天相)
기장(**직**稷)

■ 장수와 부하별자리
묘당(**천묘**天廟)

■ 익수와 부하별자리
월남(**동구**東甌)

■ 진수와 부하별자리
목숨(**장사**長沙)
왼쪽 바퀴(**좌할**左轄)
오른쪽 바퀴(**우할**右轄)
군인의 출입문(**군문**軍門)
공병(**토사공**土司空)
악기 창고(**기부**器府)
청구(**청구**青丘)

글을 마치며

대유학당에서 『태을천문도』를 만들고 『천문류초』를 번역한 지 10여 년이 흘렀습니다. 그동안 독자분들께서 많은 격려를 해주셨고, 동시에 청소년들도 재미있게 볼 수 있는 동양천문책이 나왔으면 좋겠다는 말씀을 하셨습니다.

우리나라에도 조상님들께서 이름 짓고 매일같이 관찰하여서 일상생활에 응용하신 별자리가 있었습니다. 그러나 일제 강점기를 당한 상태에서 서양문물을 맞이하게 되면서 우리의 고유한 것들을 무시하며 잊어가기 시작했습니다. '그까짓 것 알아도 나라를 빼앗겼는데…' 그러면서 무시하고, '서양의 발달한 물질문명을 보고 경이로움을 느껴서' 또 무시를 했습니다.

조상님들께서 이름을 붙이고 매일 관찰했던 별들도 관심을 가지는 후손들이 없다면 역시 잊혀지게 됩니다. 그래서 '별자리' 하면 으레 서양의 별자리를 떠오르게 되었습니다. 물론 자라나는 아이들도 서양의 별자리와 신화에 익숙해져 버렸습니다.

그래서 부끄러운 이야기지만, 그냥 '별자리'라고 하면 서양의 별자리라고 생각할까봐 '우리 별자리, 동양 별자리'라는 이름을 앞에 붙여서 28수 이야기를 발간합니다.

이름은 무척 중요합니다. 한민족의 순수한 피를 이어받아 우리나라 사람으로 태어났다 하더라도, '지미'나 '톰', '오바마' 등으로 이름을 지으면 외국 사람이 됩니다. 거기에 영어를 일상 언어로 삼다시피 배우고, 그리스 로마 신화를 우리의 것처럼 배우고, 햄버거나 피자를 주식으로 삼으면 명실상부한 서양사람이 됩니다. 생김새만 우리나라 사람이지, 생각하고 말하고 행동하는 것은 서양사람이라는 것입니다.

'무얼, 글로벌시대에…!!'라고 말씀하시지만, 글로벌시대에 그 구성원으로 우뚝 서려면 '나'라는 존재가 분명해야 합니다. 한국은 한국의 특성이 있는 나라로 참여하고, 미국은 미국의 특성을 지닌 나라로 참여하고, 지구촌의 다른 나라도 각자의 특성이 있는 나라로 참여할 때 조화로운 세계가 되는 것이지, 모두가 똑같은 목소리와 똑같은 색깔의 옷을 입고, 똑같은 행동을 한다면 동성동본이 결혼하고, 고산족이 다른 유전자를 받아들이지 못해서 조그만 질병에도 몰살당하고 멸망당한 결과를 답습하고 말 것입니다.

혹자는 이 이야기가 무슨 의미가 있느냐고 반문합니다. 혹 그냥 동물들의 이야기가 아니냐고 합니다. 28수는 하늘의 별자리를 다스리는 대표적인 별자리입니다. 그 28수를 수호하는 신장들은 반인반수, 그러니까 몸통은 사람이고 얼굴은 동물의 모습을 하고 있습니다. 몸통이 사람이라는 것은 만물의 영장인 사람 이상이라는 뜻이고, 얼굴이 동물이라는 것은 해당 수호신장의 성격을 나타낸 것입니다.

'마흔 살이 넘으면 자기 얼굴에 책임을 지라'는 말이 있습니다. 마흔 살 정도 살면 그때까지 살아온 이력이 얼굴에 드러난다는 뜻입니다. 다시 말해서 마음속으로 생각하고 말하고 행동한 것이 얼굴에 표정으로 드러나고, 그것이 40년 정도 되면 얼굴에 각인되어, 그 사람의 얼굴만 보더라도 '아! 저 사람은 이런 사람이구나!' 하고 알 수 있게 된다는 것입니다.

28수 수호신장도 마찬가지입니다. 쥐처럼 약삭빠르고, 자기 잇속에 밝으며, 위기 대처 능력이 강한 성격이 있기 때문에 '허일서'라는 허수의 수호신장의 얼굴은 쥐의 형상을 하고 있는 것입니다. 이러한 원리와 동물들의 특성은 다른 수호신장에도 모두 적용됩니다.

그래서 동물들의 특성을 알면 그 동물이 수호하는 별자리의 특성을 알 수 있는 것입니다. 동물의 특성은 동물을 소재로 한 이야기에 자세히 나와 있습니다. 조상님들께서 각 동물의 특성을 살펴보고 만드신 이야기이기 때문에, 그 이야기를 재미있게 보는 동안에 자신도 모르게 별자리의 특성을 깨닫게 되는 겁니다.

우선은 하늘의 대표 별자리인 28수와 그들이 합체해서 이룬 사영신에 대해서 글을 썼습니다. 이 글을 다 읽으면 하늘의 얼개에 대해서 알게 될 것입니다. 이 글을 통해서 나와 관련 있는 별자리가 어떤 별자리이고, 그 별자리의 역할과 특성은 무엇인지를 알게 되고, 각 별의 수호신장에 해당하는 동물들의 장점과 단점을 알게 되면 만족입니다. 나아가 28수 나경을 이용해서 하늘의 별자리를 직접 찾아보면서 우리 별자리에 친숙해진다면 지은이로서 더 이상 바랄 것이 없습니다.

이러한 생각들은 28수에도 깊이 남아 있습니다. 별자리를 관장하는 대표 동물의 특성을 신화라든가 옛이야기, 속담 등으로 읽다보면 좀 더 친근하게 우리 별자리에 다가서게 되지 않을까요? 나아가서 나의 별자리도 찾아보고, 그 별자리가 의미하는 것도 알게 된다면 우리가 알고 있던 12지지의 12동물뿐만 아니라 좀 더 세분된 28동물을 만나게 될 겁니다. 그 28동물은 별자리와 연관되고요.

『천문류초』를 보신 분들이 좀 더 쉬운 동양천문을 요구하셨는데 나름 자료를 찾고 그림을 그리고 정리하는 데 3년의 세월이 걸렸습니다. 자라나는 아이들에게 보여주고 싶은 마음으로 글을 수정하고 가다듬기를 또 1년. 모쪼록 가족들이 모두 볼 수 있었으면 하는 생각으로 이 책을 마칩니다.

부록

28수와 삼원

28수와 사영신

28수 신장과 수호부

28수 카드

28수와 삼원

별이 참 많지?
별이름을 넣으면 복잡해서
28수와 자미원, 태미원,
천시원만 표시한
천문도야.
이제 많이 봐서
익숙해졌겠다.
이 안에
청룡, 현무, 백호,
주작의 사영신을
그려 넣어 보렴.

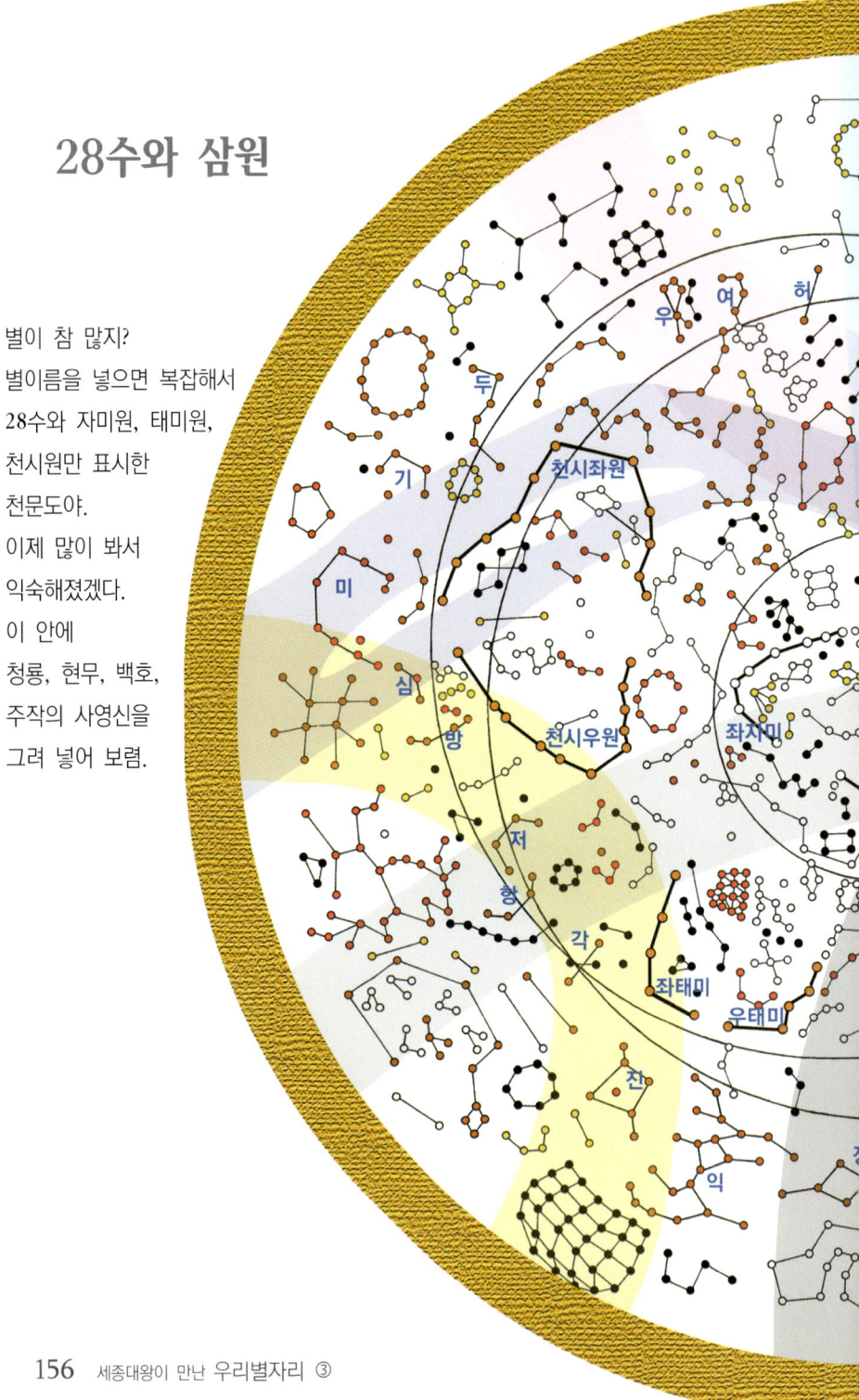

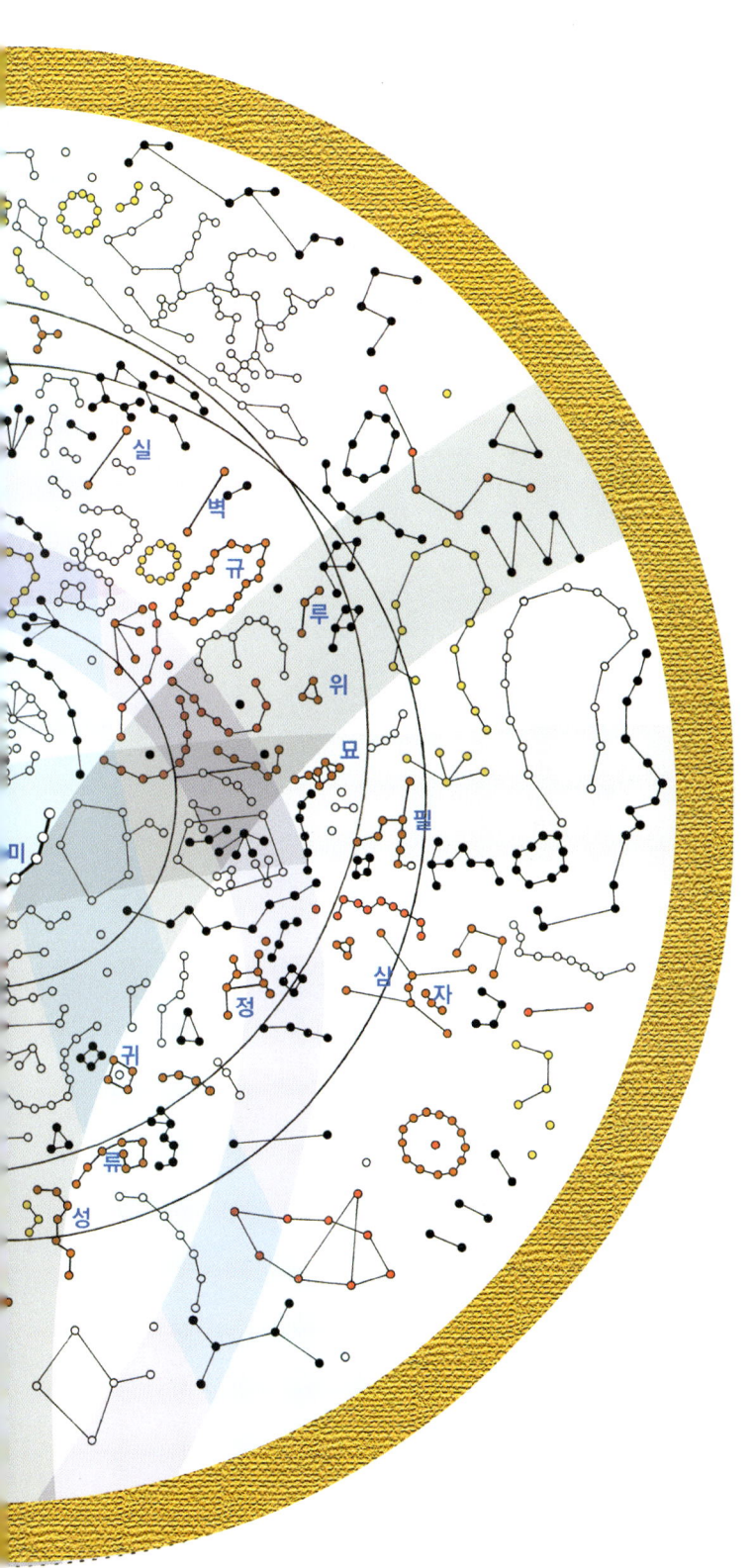

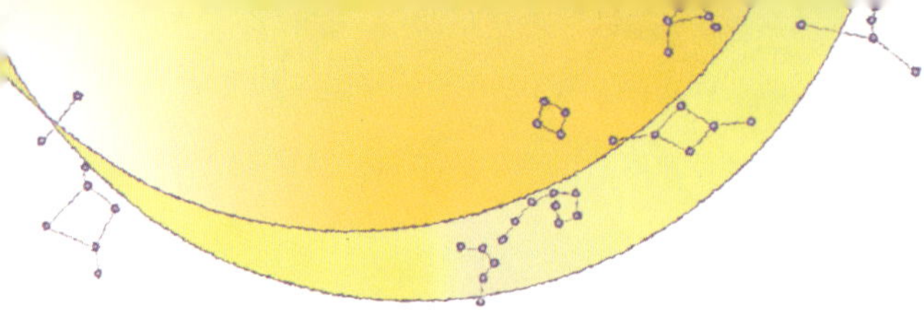

28수와 사영신

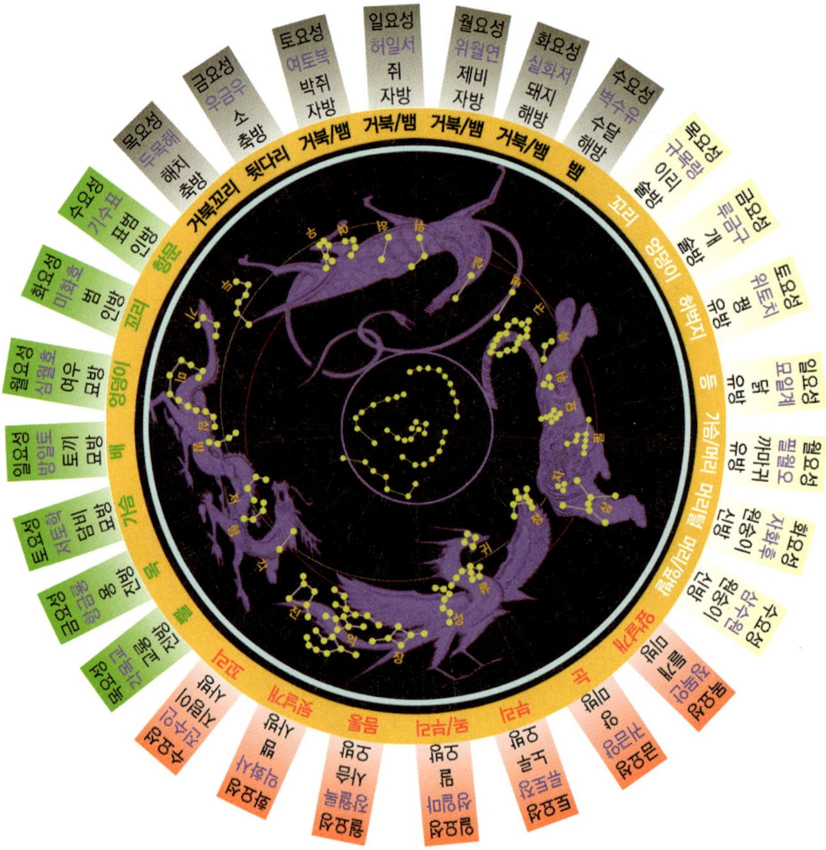

28수 신장과 수호부

이제까지 봐온 28수를 모아 놓은 도록이야. 물론 사영신도 넣었지. 각 별마다 의미를 설명하고, 뒷면에는 수호부를 붙였어. 수호부는 그 별을 지켜주는 뜻이 있어. 앞에서 너희 별을 찾았지? 그 별을 가지고 다니면 행운을 가져다 준다고 해. 모두 잘라내서 벽에 장식으로 붙여도 좋고.

159

225쪽부터는 카드로 사용할 수 있게 앞면에는 28수를 뒷면에는 상징과 운행방위 힘의 세기를 넣었지.

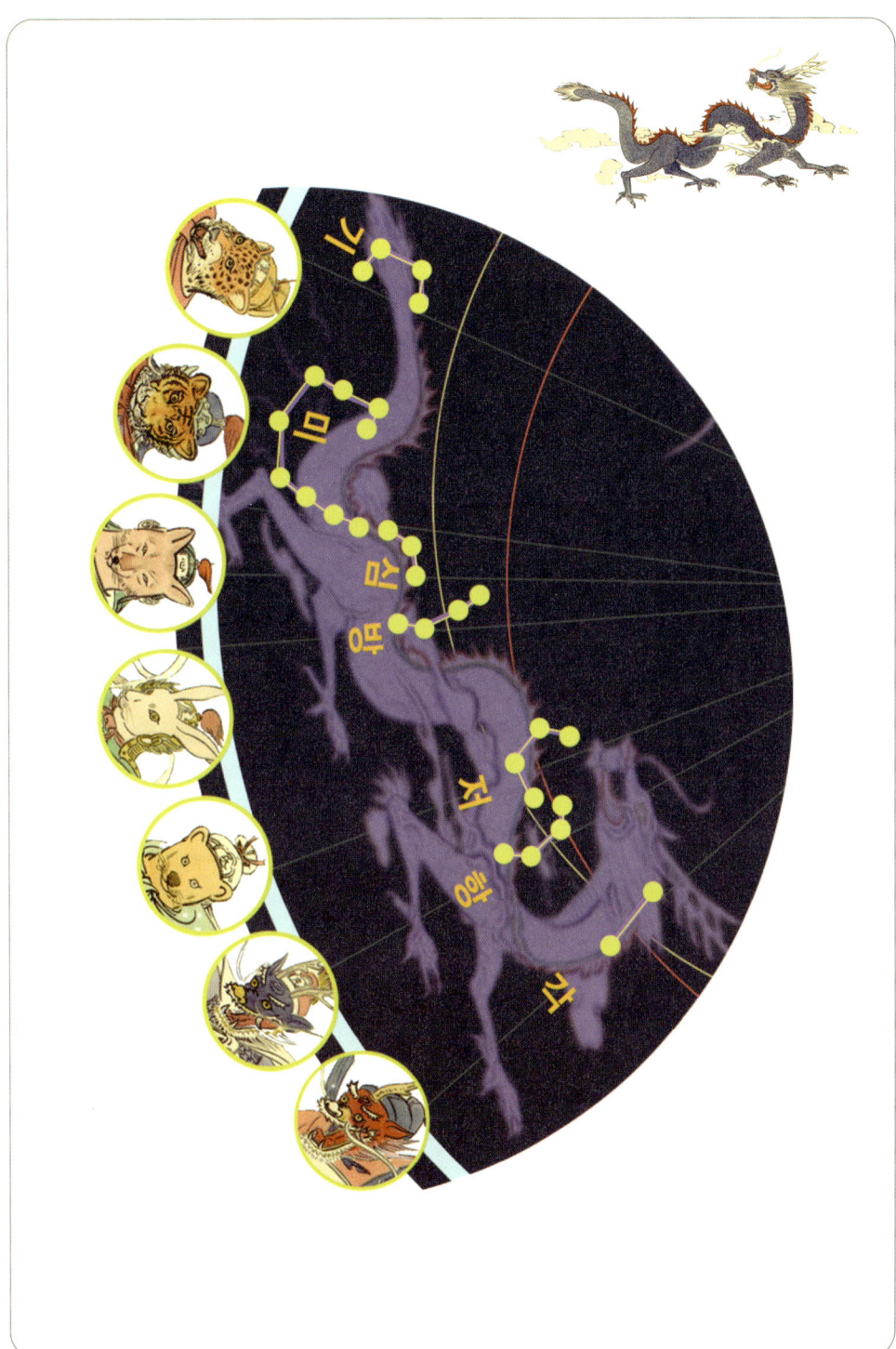

동방칠수의 신 **청룡** ❘ 봄, 아침, 시작, 변화무쌍, 무럭무럭 잘 자람. 혼란 속에서 새로운 질서를 정립함.

북방칠수의 신 **현무** ▎저장, 휴식, 죽음, 지혜, 겨울, 밤, 끝. 일을 끝내고 휴식을 잘해서 힘을 얻고 오래 삶.

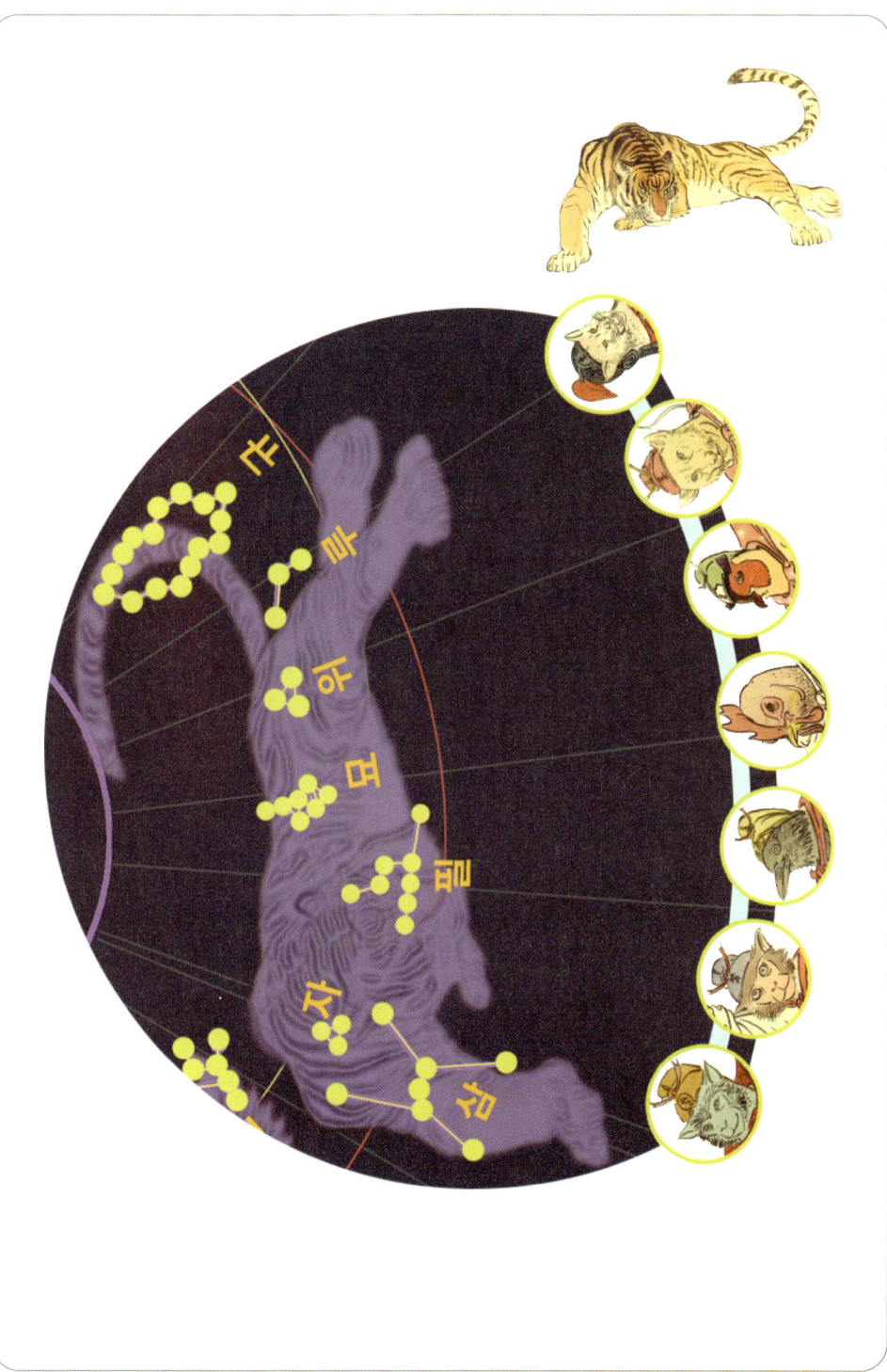

서방칠수의 신 백호 ㅣ 저녁, 가을, 심판, 마무리, 추수. 노력한 일의 결과에 대해서 논공행상을 정확하게 해서 상 줄 사람은 상 주고 벌 줄 사람은 벌을 줌.

남방칠수의 신 **주작** | 한낮, 여름, 문명, 화려함. 화려하고 신나는 문명이 발달하고 모든 생활이 풍성해짐.

각목교 동방청룡칠수 ▌ 교룡 ▌ 생성과 소멸, 위엄과 신용, 자존심, 법, 기준. 별이 밝으면 나라가 태평해지고, 흐리거나 흔들리면 소란스러워진다.

항금룡 동방청룡칠수 ▌용 ▌조공을 받음. 재판의 판결. 잘잘못을 판단해서 상을 줌. 질서를 잡고 질병을 다스리며, 가뭄과 수해가 일어나는 것을 조절함.

저토학 동방청룡칠수 ▮ 너구리 ▮ 천자가 잠자러 가는 길. 비와 빈. 밝게 빛나면 부부가 화합하고 아랫사람이 윗사람을 잘 보필하지만, 어두우면 윗사람을 속이고 업신여김.

방일토 동방청룡칠수 ▌ 토끼 ▌ 임금이 장관과 참모들을 모아놓고 나랏일을 의논하는 장소. 별이 밝으면 임금과 최측근 참모가 잘 통해서 정치가 잘되며, 풍년이 들고 근심이 없어진다.

심월호 동방청룡칠수 ▌ 여우 ▌ 정치하는 장소, 임금, 상과 벌을 주관. 세 별이 밝고 삼각형으로 구부러져 있으면 후계자의 질서가 잡히고, 어둡거나 일직선이 되면 그 반대다.

미화호 동방청룡칠수 ▮ 범 ▮ 황후와 후궁들. 별이 밝으면 가장을 중심으로 집안 사람이나 친척이 화목하고, 어두우면 다투고 가출하거나 병들게 된다.

기수표 동방청룡칠수 ▍표범 ▍후궁, 변방부족, 바람, 입방아. 밝거나 일직선에 가까우면 이간질이 없어지며 친척들이 부유하고 화목하게 산다. 어두우면 그 반대다.

두목해 북방현무칠수 ▌해치 ▌하늘의 사당, 국무총리, 군대에 관한 일, 생명의 탄생. 밝으면 온 가족이 한마음이 되어 화평해지고, 어둡거나 흔들리면 이간질과 분란이 생긴다.

우금우 북방현무칠수 ▎ 소 ▎ 희생, 도로, 수로. 밝고 커지면 교통이 잘 통하게 되고, 가축 특히 소가 잘 자라고, 그렇지 않으면 반대로 된다.

여토복 북방현무칠수 ▌박쥐 ▌작은 창고, 혼수품 관리, 궁녀와 나인. 밝으면 여성의 일자리가 많아지고, 어두우면 직장을 잃거나 아이를 낳다가 죽는 일이 많아진다.

허일서 북방현무칠수 ▎쥐 ▎묘당과 제사, 죽음에 관한 일, 벌 주는 일, 어둠의 일을 관장한다. 움직이지 않으면 평안하고, 움직이면 병란이나 도적, 세금, 질병 등이 많아진다.

위월연 북방현무칠수 ▮ 제비 ▮ 제사를 주관, 하늘의 곳간, 죽음에 관한 일. 별이 움직이면 죽는 사람이 많아지고 전쟁이나 천재지변 등으로 시끄럽다.

실화저 북방현무칠수 ▌돼지 ▌종묘, 궁실, 군량미 보관, 곳간, 토목공사. 밝으면 평안하고, 어둡거나 작아지면 전염병, 전쟁, 부역 등으로 살기가 어렵다.

벽수유 북방현무칠수 ▎수달 ▎문장, 도서관, 토목공사. 밝으면 문화가 번창하고, 어두우면 이간질을 하고 소인배가 중용되어 서로 의심하는 사회를 만든다.

규목랑　서방백호칠수 ▌이리 ▌무기창고, 폭동을 대비, 관개수로, 지혜. 밝으면 평안하고 현인이 많이 배출되고, 어두우면 홍수, 병란 등으로 인해 살 곳을 잃는다.

루금구 서방백호칠수 ▮ 개 ▮ 감옥, 병사, 제물이 될 짐승을 기름. 일직선에 가까우면 논공행상이 바르게 되고, 움직이면 병란이 생기거나 감옥에 가는 사람이 많다.

위토치

서방백호칠수 ▮ 꿩 ▮ 주방 창고, 오곡의 창고. 밝거나 다른 별들이 모여들면 곡식창고가 풍성해지고, 별이 없으면 곡식을 사방에 베풀 일이 생긴다.

묘일계 서방백호칠수 ▎ 닭 ▎ 정보망, 서쪽, 감옥과 죽음을 주관. 밝으면 평안하고, 어둡고 작으면 아첨이 성행해서 충신이 죽고 적군이 병란을 일으킨다.

필월오 서방백호칠수 ▌ 까마귀 ▌ 변방 병사의 훈련, 구름과 비, 군대의 기강. 어둡고 작아지면 외국군의 침입이 생기고, 법이 가혹해진다. 밝으면서 움직이면 홍수가 난다.

자화후 서방백호칠수 ▎원숭이 ▎요새의 관문, 척후병, 군량창고. 밝고 크면 평안하고, 움직이면 책임자가 쫓겨난다. 다른 별이 다가오면 폭동이 일어난다.

삼수원 서방백호칠수 ▍ 원숭이 ▍ 효도와 충성, 형벌, 변방의 수비. 별이 밝고 안정되면 어른께 효도하고 나라에 충성한다. 다른 별이 다가오면 폭동이 일어난다.

정목안 남방주작칠수 ▌ 들개 ▌ 샘물, 법의 공평함, 임금의 곳간, 임금의 친척과 총리급 이상의 부정부패를 감시. 밝으면 사람들이 화합하고 법률이 공평하나, 가운데 네 별만 밝으면 홍수가 난다.

귀금양 남방주작칠수 ▮ 양 ▮ 사망, 질병, 제사, 부정부패 반란을 미리 살펴서 막음. 밝고 크면 곡식이 잘되고 사람들이 건강해지며, 그렇지 않으면 음모가 성행하고 세금이 많아진다.

류토장 남방주작칠수 ▌ 노루 ▌ 주방, 음식창고, 잔치, 우레와 비. 밝으면 건강한 식사와 잔치 문화가 일어나고, 그렇지 않으면 알콜중독, 기근, 병란 등으로 죽게 된다.

성일마 남방주작칠수 ▮ 말 ▮ 왕비, 좋은 아내, 참모, 군인 경찰, 훌륭한 보좌. 밝으면 평안하고, 어둡거나 다른 별이 다가오면 왕이나 참모가 질병, 도적, 패망 등의 어려움을 겪는다.

장월록 남방주작칠수 ▍ 사슴 ▍ 종묘와 정치를 의논하는 곳을 주관, 대대로 전해오는 보물, 상으로 주는 음식. 밝으면 질서가 잡히고, 어둡거나 움직이면 상하 질서가 무너져 혼란이 있게 된다.

익화사 남방주작칠수 ❙ 뱀 ❙ 삼공, 문서, 광대와 가수, 사신. 밝고 커지면 음악이 성행해서 사회가 밝게 되고 외국과의 사이도 좋아지나, 어두우면 반대로 된다.

진수인 남방주작칠수 ▌ 지렁이 ▌ 장군 또는 국무총리, 노래하고 즐기는 일, 전차부대, 무덤. 밝고 크면 평안해지고 소통이 잘되나, 별이 흩어지면 임금이 위태롭고, 모여들면 병란이 일어난다.

각목교

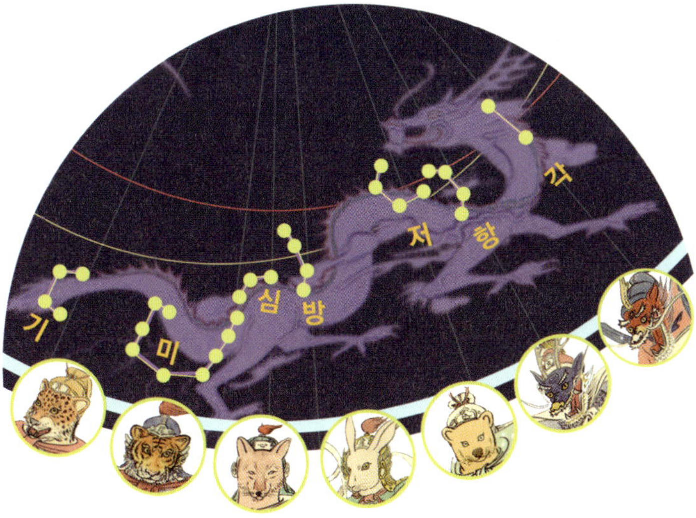

동방청룡칠수

기 미 심 방 저 항 각

상징	용의 뿔
크기	2.4~3m
운행 방위	
영토	辰(동동남) 12°
보이는 때	4/13~5/14
해당지역	전라북도 중부
부하별수	10(43)
임의세기	★★★
의미	생성과 소멸, 위엄과 신응, 자존심, 법, 기준. 별이 밝으면 나라가 태평해지고, 흐리거나 흔들리면 소란스러워진다.

상징	지혜롭고 변화무쌍하고 신비롭고 지혜로운 용.
운행 방위	
영토	75°
보이는 때	4/13~7/18
해당지역	인마궁, 천갈궁, 천칭궁
구성	동방칠수 : 7(30개)
별수	부속별자리 : 41(156개)
의미	봄, 아침, 시작, 변화무쌍, 무덕무럭 잘 자람. 혼란 속에서 새로운 질서를 정립함.

자토학

묘금통

227

상징 용의 가슴, 심장
크기 1m 80cm
운행 방위 卯(서)
영토 15°
보이는 때 5/4~6/4
해당지역 충청남도 남부
부하별수 10(50)
힘의세기 ★★
의미 천자가 잠자러 가는 길, 비와 빈, 맑게 빛나면 부부가 화합하고 이랫사람이 윗사람을 잘 보필하지만, 어두우면 윗사람을 속이고 없신여김.

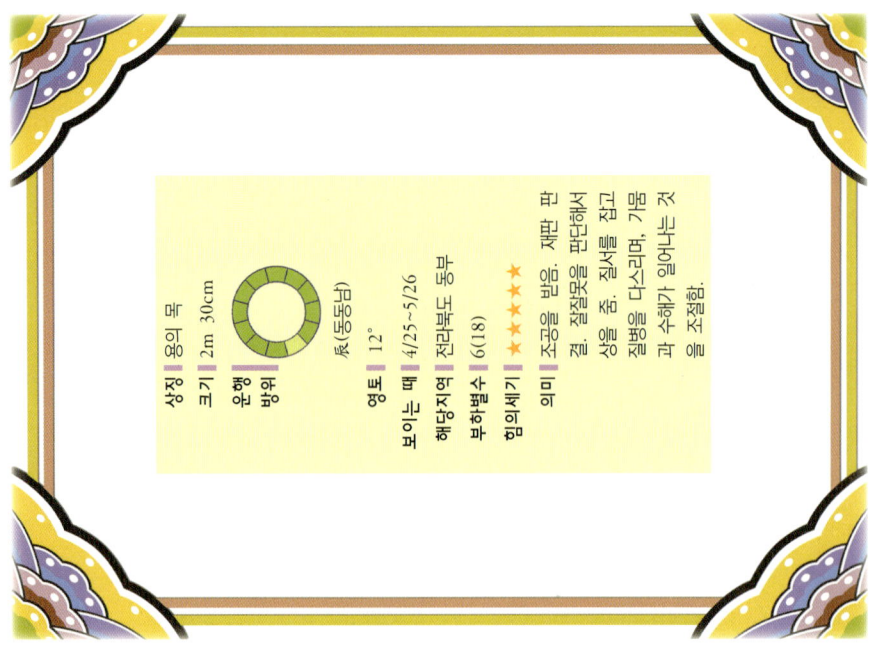

상징 용의 목
크기 2m 30cm
운행 방위 辰(동동남)
영토 12°
보이는 때 4/25~5/26
해당지역 전라북도 동부
부하별수 6(18)
힘의세기 ★★★★
의미 조공을 받음. 재반 만들, 잘잘못을 판단해서 상을 줌. 잘못을 다스리며, 가뭄과 수해가 일어나는 것을 조절함.

삼월토

병월토

229

상징	용의 엉덩이(혹은 심장)
크기	1m 50cm
운행 방위	卯(서)
옐토	5°
보이는 때	5/25~6/25
해당지역	전라북도 북부
부하별수	1(12)
임의세기	★★
의미	정치하는 장소, 임금, 성과 별을 주관. 세 별이 밝고 성격형으로 구부러져 있으면 후계자의 질서가 잡히고, 어둡거나 일직선이 되면 그 반대다.

상징	용의 배
크기	1m 50cm
운행 방위	卯(서)
옐토	5°
보이는 때	5/20~6/20
해당지역	충청남도 서부
부하별수	7(17)
임의세기	★★★
의미	임금이 장관과 참모들을 모아놓고 나랏일을 의논하는 장소. 별이 밝으면 임금과 죽근 참모가 잘 통해서 정치가 잘되며, 흥년이 들고 근심걱정이 없어진다.

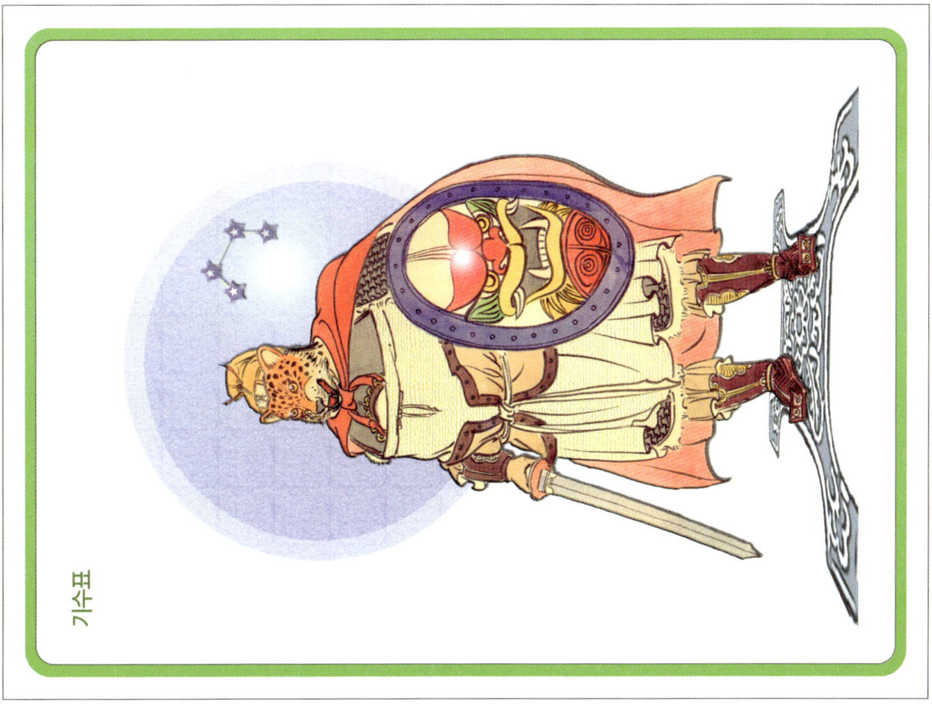

기수표

미희호

상징	용의 항문
크기	2m 30cm
운행 방위	
영토	炅(동동북) 11°
보이는 때	6/17~7/18
해당지역	함경북도
부하별수	2(4)
임의세기	★★★
의미	후궁, 변방부족, 바람, 엄방이. 밝거나 일직선에 가까우면 이간질이 없어지며 친척들이 부유하고 화목하게 산다. 어두우면 그 반대다.

상징	용의 꼬리
크기	2m 30cm
운행 방위	
영토	炅(동동북) 18°
보이는 때	5/30~6/30
해당지역	함경남도
부하별수	5(12)
임의세기	★★★★
의미	왕비와 후궁들. 별이 밝으면 가장들 중 심으로 잡은 사람이나 친척이 화목하고, 어두우면 다투고 가출하며 병들게 된다.

두목해

북방현무칠수

여포북

유금오

유월연

하늘소

237

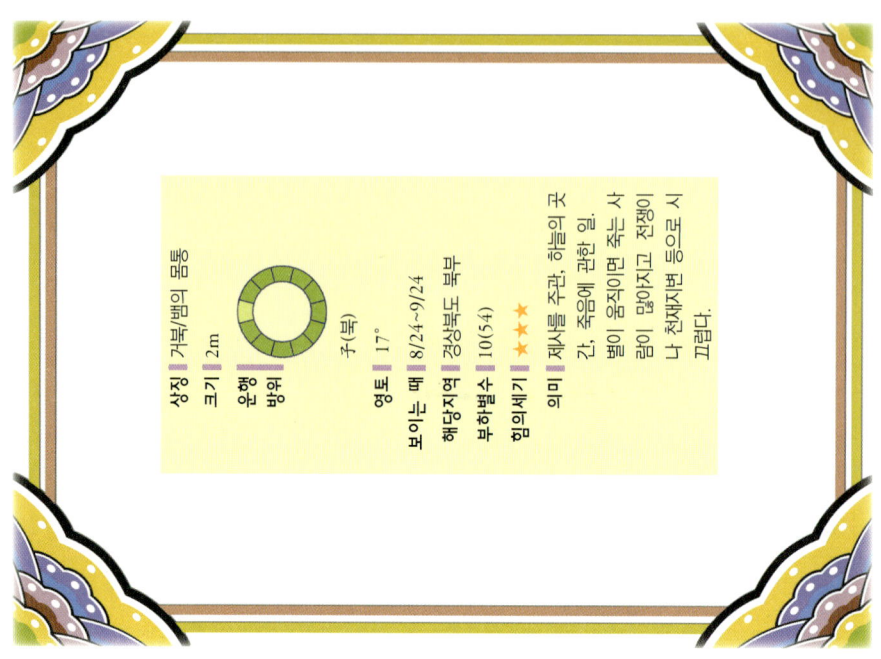

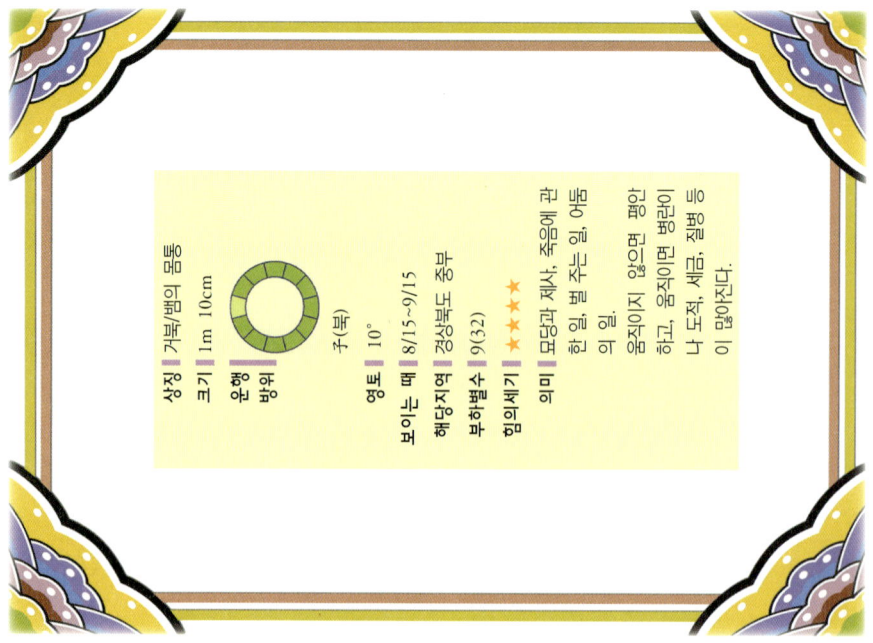

벅수야

신화적

규목랑

서방백호칠수

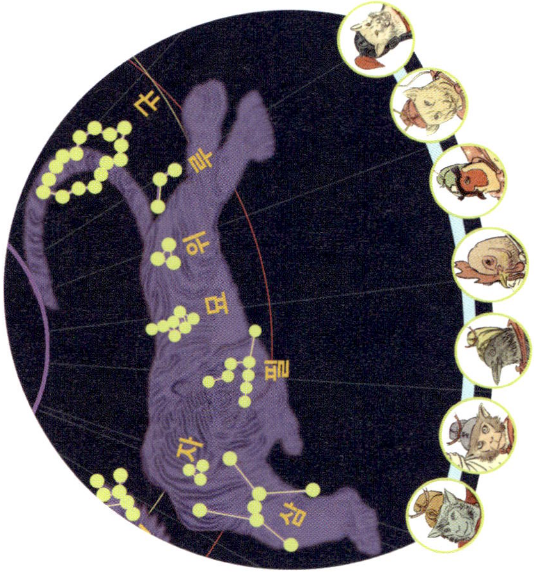

전우치

푸금구

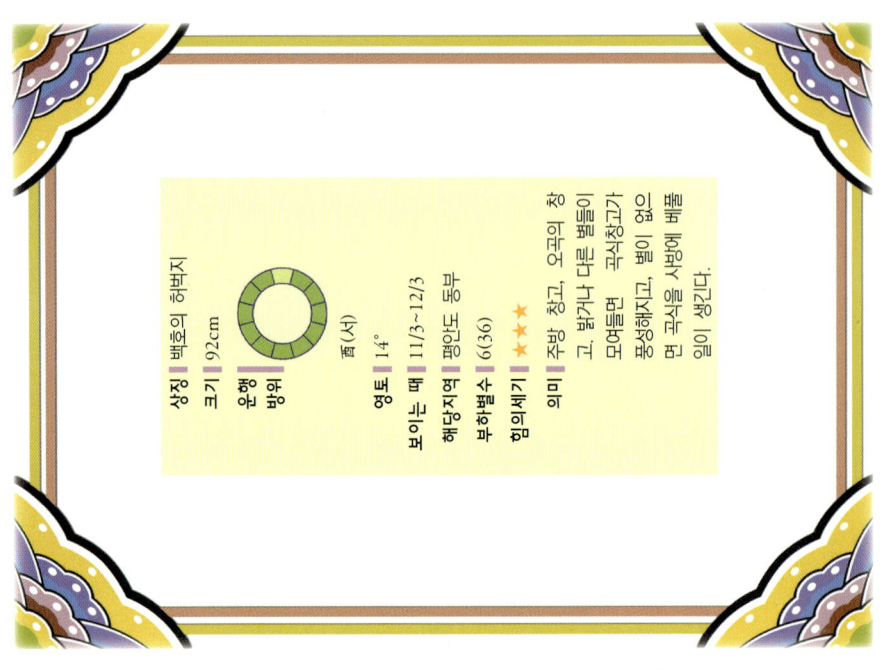

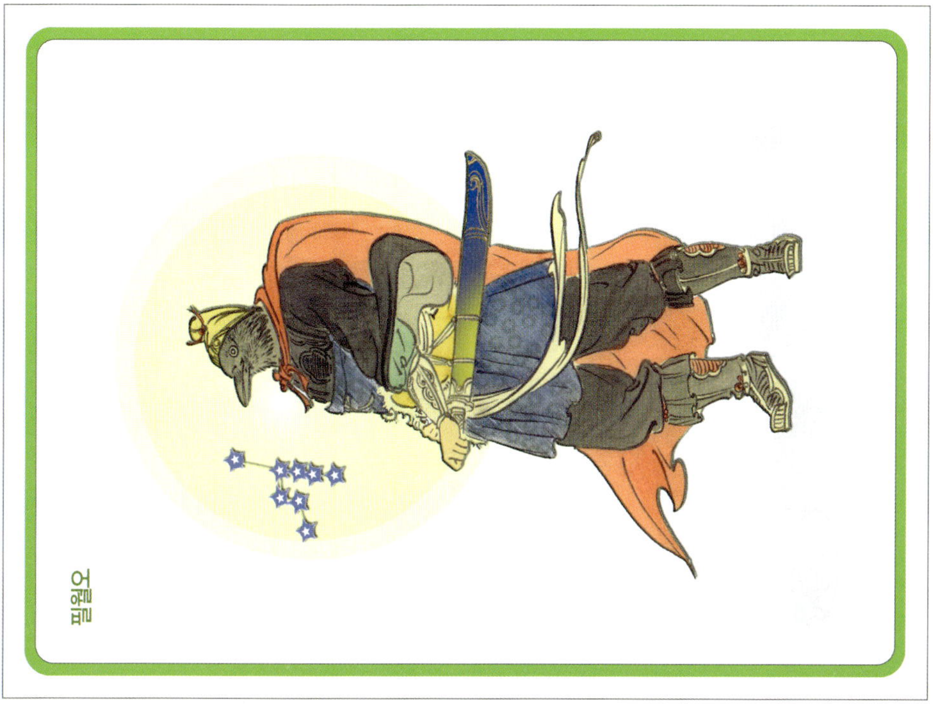

파륜

모일계

- **상징**: 백호의 머리, 가슴
- **크기**: 1m 80cm
- **운행 방위**: 酉(서)
- **영토**: 16°
- **보이는 때**: 11/27~12/27
- **해당지역**: 평안남도 서부
- **부하별수**: 14(85)
- **힘의세기**: ★★
- **의미**: 변방 병사의 훈련. 구름과 비. 군대의 기강. 어둡고 작아지면 외국 군의 침입이 생기고, 밝으면 가뭄해진다. 밝으면 서 움직이면 홍수가 난다.

- **상징**: 백호의 등
- **크기**: 2m 10cm
- **운행 방위**: 酉(서)
- **영토**: 11°
- **보이는 때**: 11/15~12/15
- **해당지역**: 평안북도 서부
- **부하별수**: 8(40)
- **힘의세기**: ★★★
- **의미**: 정보망, 서쪽. 감옥과 죽음을 주관. 밝으면 평안하고, 어둡고 작으면 아첨이 성행해서 충신이 죽고 작은 이 병란을 일으킨다.

삼수원

지화후

247

성장	머리, 앞다리
크기	1m 20cm
운행 방위	

中 (서서남)

영토 9°
보이는 때 12/14~1/14
해당지역 경기 동부, 강원 서부
부하별수 6(18)
임의세기 ★★★
의미 효도와 충성, 형틀, 변방의 수비.

규에 10등록 면조귀의 별이다. 다른 별이 안정되면 은혜가 돈독하고 충성한다. 별이 밝고 흔들리지 않으면 아래에 다른 별이 이어난다.

성장	뱀꼬리 머리털
크기	1m 10cm
운행 방위	

中 (서서남)

영토 2°
보이는 때 12/12~1/11
해당지역 경기 동남부, 강원 서남부
부하별수 2(13)
임의세기 ★★★
의미 요새의 관문, 척후병, 군량창고.

밝고 크면 평안하고, 움직이면 책임자가 좋지 않다. 다른 별이 다가와 이어지면 10등록 먼 북동이 일어난다.

정목인

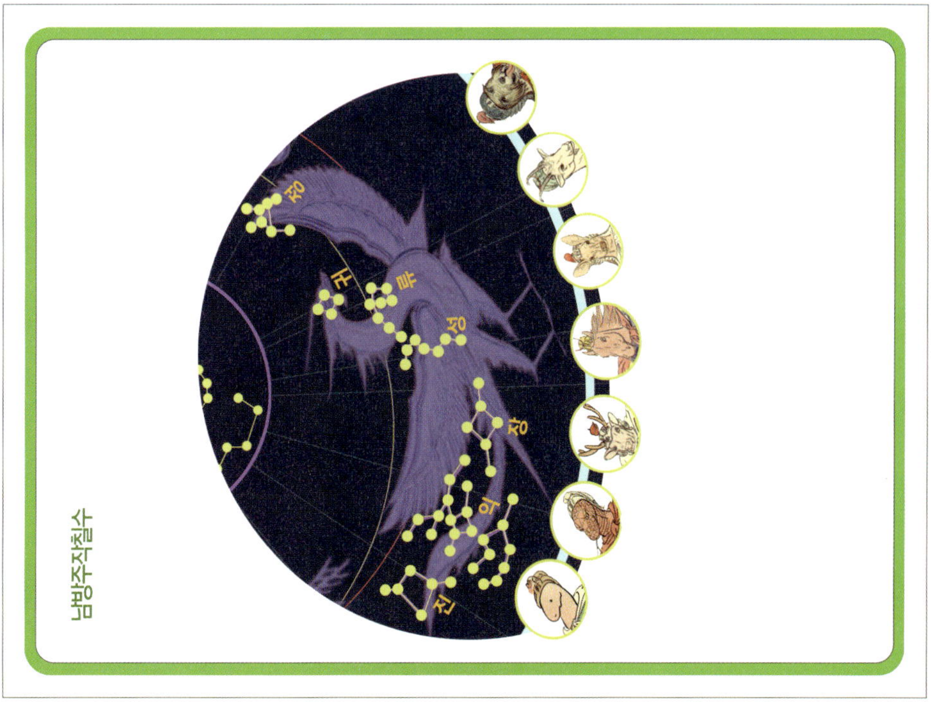

남방주작칠수

249

상징 | 주작의 앞날개
크기 | 2m 30cm
운행 방향 |
역토 | 33°
보이는 때 | 12/23~1/23
해당지역 | 평안도, 서남부, 황해도 중부북부
부하별수 | 19(62)
함의세기 | ★★★
의미 | 샘물, 임금의 죄측근, 범의 공평함, 임금의 곳신, 도지사, 임금의 친척과 충리급 이상의 부정부패를 감시. 받으면 사람들이 화합하고 백들이 공평하나, 가운데 네 별만 밝으면 홍수가 난다.

추(남남서)

상징 | 우아, 화려, 불사조, 붉은 봉황
운행 방향 |
역토 | 112°
보이는 때 | 12/23~4/27
해당지역 | 거해궁, 사자궁, 쌍녀궁
부하별수 | 남방칠수 : 7(597개) 부속별자리 : 39(1847개)
의미 | 햇빛, 여름, 문명, 화려함. 화려하고 신나는 문명이 발달하고 모든 생활이 풍성해짐.

남

류토장

커금왕

상징	주작의 부리
크기	1m 50cm
운행 방위	
	午(남)
영토	15°
보이는 때	1/29~2/28
해당지역	서울, 경기도 서북부
부하별수	1(3)
함의세기	★★
의미	주방, 음식창고, 잔치, 우레와 비. 밝으면 건강한 식사와 잔치 문화가 일어나고, 그렇지 않으면 얼굴중독, 기근, 병란 등으로 죽게 된다.

상징	주작의 눈
크기	1m 60cm
운행 방위	
	未(남남서)
영토	4°
보이는 때	1/24~2/24
해당지역	황해도 남부
부하별수	6(25)
함의세기	★★★★
의미	사망, 질병, 재사, 부정부패 반란을 미리 살펴서 막음. 밝고 크면 국사이 잘되고 사람들이 건강해지며, 그렇지 않으면 음모가 성행하고 재금이 많아진다.

장열록

성일마

253

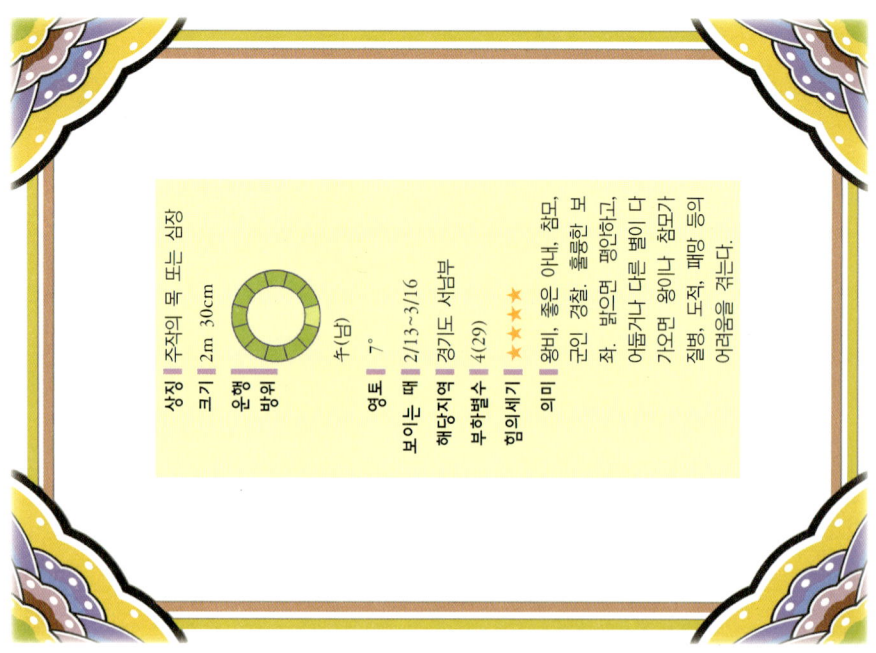

진수인

이호사

성징 | 주작의 꼬리
크기 | 2m
운행 방위 | ㄷ(남남동)
영토 | 17°
보이는 때 | 3/27~4/27
해당지역 | 전라남도 동부
부하별수 | 7(48)
임의세기 | ★★★
의미 | 정권 또는 국무총리, 노대하고 즐기는 일. 전차부대, 무덤. 밝고 크면 평안해지고 소통이 잘 된다. 별이 흩어지면 임금이 위태롭고, 모여들면 병ران이 일어난다.

성징 | 주작의 뒷날개
크기 | 3m 10cm
운행 방위 | ㄷ(남남동)
영토 | 18°
보이는 때 | 3/9~4/9
해당지역 | 전라남도 서부, 제주도
부하별수 | 1(5)
임의세기 | ★★★
의미 | 삼공, 문서, 광대와 가수, 사신. 밝고 커지면 음악이 성행해서 사회가 밝게 되고 외국과의 사이도 좋아지나, 어두우면 반대로 된다.